Gabriele Miller
Aus frischen Quellen schöpfen

D1665724

Gabriele Miller

Aus frischen
Quellen schöpfen

Impulse zum Nachdenken

Verlag Butzon & Bercker Kevelaer

Die Geschichte auf S. 75 f. ist entnommen
aus: **Maurice Sendak** *Higgelti Piggelti Pop!*
Copyright © 1980 by Diogenes Verlag AG Zürich

Die Deutsche Bibliothek – CIP-Einheitsaufnahme

Ein Titeldatensatz für diese Publikation ist bei
Der Deutschen Bibliothek erhältlich

ISBN 3-7666-0311-6

© 2000 Verlag Butzon & Bercker D-47623 Kevelaer
Alle Rechte vorbehalten
Umschlaggestaltung: Elisabeth von der Heiden, Geldern
Satz: Schröder Media, Dernbach
Druck und Bindung: WILCO, Amersfoort (NL)

Inhalt

Beispiele

Vorwort

Das Buch, das Sie aufgeschlagen haben, hat seine Beiträge zwei Großkapiteln zugeteilt, überschrieben mit „Oasen" und „Anstöße". Doch gleichgültig, wo sie eingeordnet sind – in allen Abschnitten werden Sie zum Verweilen eingeladen, sozusagen zum „Aussteigen" aus allem, was Sie bewegt und belastet.

Die *Oasen* eignen sich eher zum längeren Innehalten. Oasen sind Haltepunkte. Hier kann man ausruhen von den Hetzjagden und „Wüstereien" eines mit tausend Fragen und Problemen ausgefüllten Tages. Hier gibt es Quellen mit erfrischendem Wasser. Hier gibt es Bäume, die Schatten spenden, an denen auch Früchte wachsen, wohlschmeckend und saftig.

Schon die Stichworte zu den Überschriften der beiden Abschnitte des Oasen-Kapitels zeigen Ihnen die Richtung an: Sie ziehen sich zurück in eine Ecke Ihrer Wohnung, in einen Sessel, in dem Sie gerne sitzen. Sie fangen an zu lesen, werden aufmerksam auf das, was da beschrieben ist, auch auf anderes, was vielleicht zwischen den Zeilen steht. Sie lesen in aller Ruhe die kursiv gedruckten Texte ein zweites Mal, vor allem wenn es welche sind, die man nicht überfliegen kann wie die BILD-Zeitung. Und dann wenden Sie sich der Besinnung, der Entfaltung, der Meditation zu. Möglicherweise werden Sie angeredet, selber ein wenig zu meditieren. Auf alle Fälle sollten Sie *stillhalten* und des Tages Geschwindigkeit und Schnelligkeit bremsen. „Verlangsamung" heißt die Tugend, die es zu erlernen gilt. Und wenn Sie so stillhalten und warten, bis Sie – auch über den Text hinaus – eigenen Gedanken nachgehen, dann werden Sie bald dies und das und ganz Unerwartetes entdecken, selber *entdecken*, nicht nur das, was in den entfalteten Texten Ihnen zum Lesen angeboten ist.

Ein andermal werden Sie sich einem Abschnitt aus dem zweiten Kapitel zuwenden, einem der *Anstöße*, mal diesem, mal jenem. Sie sehen, dass auch in diesem Teil die Beiträge gebündelt sind; sie stehen lose einer Überschrift zugeordnet.

Da gibt es zunächst einmal die *Impulse*; sie sind nicht alltäglich, werden allerdings noch von den *Überraschungen* überboten. Die *Skandale* sind eine abermalige Steigerung, wenngleich man auch die *Versäumnisse* als reichlich anstößig empfinden kann. Da ist es schon besser, man begibt sich auf den Weg, macht die Augen auf, ob es vielleicht *anderswo etwas zu lernen* gibt. Das, was hier zusammengestellt ist, wird nur noch von den *Beispielen* bzw. d e m Beispiel überragt.

Vielleicht finden Sie, dass Sie so manchen Beitrag auch einem anderen Abschnitt zugeordnet hätten. Das ist leicht möglich. Unser Leben ist nicht so eindimensional, wie es manchmal dargestellt wird. Und manchmal gibt es neben der Hauptstraße viele Neben- und Seitenwege. Es kann sein, dass man per Zufall auf einen Seitenweg gerät, manchmal auch nach gründlicher Entscheidung. Dass Seitenwege nicht zu Irrwegen werden, das ist uns wie im täglichen Leben so auch in dieser Sammlung aufgetragen. Man muss dann und wann innehalten und schauen, wo man steht. Und so manches Mal werden Sie feststellen: Also ich sehe diese Situation ganz anders als die Autorin. Sie ist dann die

Letzte, die Ihnen das übel nimmt – im Gegenteil. Sie sähe daran nur, dass die Gesamtüberschrift des zweiten Teils genau das bewirkt, was intendiert ist, dass Sie durch diese Anstöße nämlich zum Nachdenken motiviert worden sind.

Dazu wünsche ich Ihnen, dass Sie jeweils ein gutes Ziel erreichen.

Gabriele Miller

Oasen

Sich zurückziehen –
aufmerksam werden

Lichtquellen entdecken

Unser Text redet vom Alltag, den wir so dahinleben; er redet von gesunden und kranken Tagen. Und der Autor? Der ist nicht einer, den man als Künder in der Kirche erwartet. André Gide, der Franzose, gilt zwar als großer Schriftsteller; doch nicht nur die katholische Kirche hat – ein Jahr nach seinem Tod – festgestellt, dass man die Gesamttendenz seiner Schriften nicht als Maßstab erachten kann. Gide wurde immer wieder aus moralischen wie politischen Gründen als fragwürdig eingeschätzt. Dennoch erhielt er 1947 den Nobelpreis für Literatur. Die Schwedische Akademie ehrte „sein umfassendes, künstlerisch bedeutendes Werk, in dem menschliche Probleme und Verhältnisse mit unerschrockener Wahrheitsliebe und scharfem psychologischem Blick dargestellt werden".
Doch lassen wir Kritik und Lobrede beiseite und schauen wir uns den Text an, über den wir nachdenken wollen.

Ich glaube, dass die Krankheiten Schlüssel sind,
die uns gewisse Tore öffnen können.
Ich glaube, es gibt gewisse Tore,
die einzig die Krankheit öffnen kann.
Es gibt jedenfalls einen Gesundheitszustand,
der es uns nicht erlaubt,
alles zu verstehen.

Vielleicht
verschließt uns die Krankheit einige Weisheiten;
ebenso aber verschließt uns die Gesundheit andere
oder führt uns davon weg,
so dass wir uns nicht mehr darum kümmern!

Wenn man das liest, bekommt man beinahe den Eindruck, André Gide wolle dem Kranksein den Vorzug
geben. „Es gibt gewisse Tore, die einzig die Krankheit
öffnen kann." Eine Feststellung, gegen die Sie sich
vielleicht innerlich sträuben. Wer will schon krank
sein, um mehr zu verstehen von den Rätseln dieser
Welt! Aber Gide ist vorsichtig mit seiner Behauptung;
er beginnt den Text mit „Ich glaube" – und dieses „Ich
glaube" kommt zweimal vor. Gide sagt nicht: Es ist
so! Und er behauptet dies schon gar nicht gegenüber
einem Kranken. Es klingt eher wie ein lautes Vor-sich-
hin-Denken: „Ich glaube, dass Krankheiten Schlüssel
sind, die uns gewisse (er sagt nicht alle) Tore öffnen
können." In dieser vorsichtigen Sprechweise nimmt
man dem, der da redet, ab, was er sagt. Fast hat man
den Eindruck, es stecke Erfahrung dahinter.
Und dann kommt der nächste Satz, der schon viel be-
stimmter klingt: „... es gibt gewisse Tore, die einzig
die Krankheit öffnen kann." Und ich könnte mir denken, dass manch einer und manch eine unter uns ist,
der oder die solcher Rede insgeheim zustimmt. Das
Schwierige ist nur, dass solch eine Erfahrung keinem
andern aufgeschwätzt werden kann.
Mit großer Sicherheit fährt André Gide fort – und es
ist, als wolle er den nächsten Satz allen bis hierher
Zweifelnden entgegenhalten: Es gibt einen Zustand
von Gesundheit, der einem tieferen Verstehen gerade-
zu im Weg steht.
Damit nun aber nicht Kranksein gegen Gesundsein
ausgespielt wird, schränkt Gide wieder abwägend ein:

Es gibt Weisheiten, die einem Kranken vielleicht (vielleicht – sagt er) verschlossen sind, so wie es andere gibt, die dem Gesunden nicht zugänglich sind. Oder aber diese Weisheiten sind so weit von uns weg, dass sie uns gleichgültig werden, „dass wir uns nicht mehr darum kümmern".

So gewichtige Einsichten aber äußert André Gide in ganz vorsichtiger Redeweise: Ich glaube – es kann sein – vielleicht. Eine Redeweise, die zum Nachdenken einlädt und nicht sofort zum Widerspruch herausfordert ...

Der Text von André Gide fasziniert mich. Nicht nur wegen seiner vorsichtigen Art zu sprechen, sondern vor allem wegen seines Realismus. Er jubelt kein Gesundheitsideal hoch, er bejammert nicht eine Welt voll Krankheit – er nimmt beides, Gesundsein und Kranksein, in seine Erfahrungen hinein und deutet aus seiner Sicht, wie beide Lebenszustände dem Menschen Weisheiten eröffnen (oder auch verschließen) können. Beides zusammen macht Menschsein aus. Für mich ist es keine kühne Gedankenkurve, wenn ich von da aus mitten ins Geheimnis christlicher Festtage vorstoße. Was bekennen wir denn in jedem Glaubensbekenntnis, das wir sprechen? Gott ist Mensch geworden, hat unser Menschsein angenommen, auf sich genommen, hat sich auf unsere Seite gestellt. Deswegen ist alles, was unser Menschsein ausmacht, unser ganzer Alltag und unsere Freuden und Leiden, hineingenommen in Gottes Geschichte mit uns. Unser ganzes Leben gehört dazu: das, was uns erfreut und beflügelt, und das, was uns beschwert und niederdrückt. Das zu erkennen und zu verstehen, das ist ein Stück Weisheit, das uns im Lauf unseres Lebens zuwachsen kann.

Auch wenn Sie mir so weit gefolgt sind, ist doch in einer Falte Ihres Herzens eine Frage geblieben. Wie war das doch mit diesem André Gide? Ein großer

Schriftsteller unseres Jahrhunderts ist er wohl gewesen. „Eine herausragende kosmopolitische Persönlichkeit in einer Zeit aufkeimender nationalistischer Interessen" – so wird er im Literatur-Lexikon genannt. Aber eines ist sicher: Die Gesamttendenz seiner Schriften ist nicht im Sinne der Kirche. Er steht „draußen". Doch bei so manchem, was ich bei Leuten wie André Gide lese, fällt mir das Jesaja-Wort ein, der sagt, dass denen, die dort oben im fernen Heidenland, in Sebulon und Naftali oder anderswo im Dunkel leben, dass denen ein helles Licht aufgeht (Jes 8,23 – 9,1). Es ist an uns, Strahlen dieses Lichts, das aufgegangen ist bei denen, die im Dunkel leben, zu entdecken.

Krankheiten verschweige ich gern,
solange sie sich verbergen lassen.
Wer will schon zeigen, dass er krank ist!
Und doch ist Kranksein ein Stück des Lebens.
Manches ist mir aufgegangen,
so ganz nebenbei und ohne Absicht,
als eine Krankheit mich plagte,
mich abhielt von dem, was mir wichtig erschien.
Aber: Was ist denn wirklich wichtig?
Vielleicht ist es nicht das glanzhelle Licht,
das jeden Schatten verjagt.
Vielleicht ist es der kleine Lichtschein,
der Raum lässt auch für dunkle Ecken,
der andere Dimensionen eröffnet
als strahlender Sonnenschein
an des Tages Mittagshorizont.
Ich muss verstehen lernen:
Auch wenn ich krank bin,
kann mir ein Licht aufgehen.

Sich Zeit nehmen zu leben

Der Aids-Seelsorger in Stuttgart, Petrus Ceelen, hat für seine Freunde ein kleines Buch mit kurzen Texten zusammengestellt. Es trägt den Titel: „Nimm dir Zeit zu leben." Daraus stammt der folgende Abschnitt:

„Noch 16 Jahre, und dann gehe ich in Rente", sagte mir heute ein Lehrer. Er rechnet damit, obwohl das Leben uns lehrt, dass es unberechenbar ist. Ein Hundertstel einer Sekunde genügt, um einen Strich durch alle unsere Rechnungen zu machen.
Es ist üblich, nur die runden Geburtstage zu feiern, als ob die anderen nicht zählten. Wer aber weiß, dass seine Tage gezählt sind, feiert jedes Jahr.
Für manchen ist jeder Tag ein Fest. Die 30-jährige Conny, nur noch Haut und Knochen, sagt: „Ich fange jeden Tag mit einem Dankeschön an!" Was wir vom Leben haben, hängt nicht davon ab, wie viele Jahre wir leben, sondern wie wir jeden Tag leben.

Wenn man den Text von Petrus Ceelen liest und bedenkt, kann man sich an das alttestamentliche Buch Kohelet erinnern. Wir nennen den Verfasser meist den Prediger. Hier beginnt das 3. Kapitel ganz unvermittelt mit der nüchternen Feststellung: „Alles hat seine Stunde. Für jedes Geschehen unter dem Himmel gibt es eine bestimmte Zeit!"
Und dann bringt er eine lange Liste: Zeit zum Geborenwerden und Zeit zum Sterben; Zeit zum Pflanzen und zum Ernten; zum Weinen und zum Lachen; zur Klage und zum Tanz; zum Streiten und zum Friedenstiften; zum Reden und zum Schweigen ...
Vierzehn solcher Gegensatzpaare werden nacheinander aufgezählt – ich habe nur sechs ausgewählt. Die Liste ist ja so lang, Sie wären schon beim Lesen ungeduldig

geworden. „Ist ja gut", würden Sie denken, „wir wissen schon, was du sagen willst!"

Und schon sind wir in unsere Falle getappt: Ungeduld – kein Innehalten – keine Zeit – kein Sichfreuen am Augenblick – von Danken schon gar nicht zu sprechen!

Ich weiß nicht, wie es Ihnen geht, wenn Sie tausend Dinge vor sich haben, die Sie erledigen sollten. Dies und das und noch etwas – und etwas anderes hätte längst vom Tisch sein sollen. Wenn ich vernünftig bin und mir einen Rest zum Nachdenken bewahrt habe, dann packe ich nicht – wie man im Schwäbischen sagt – „das Bett an sieben Zipfeln zugleich an", sondern mache ganz geruhsam eines nach dem anderen, ohne hektische Angst: Wie soll ich fertig werden – hätte ich nicht jenes zuerst machen sollen? Nein, schön eines nach dem anderen und jedes mit voller Aufmerksamkeit – und siehe da: Am Ende bin ich mit meiner – wie ich meinte – wenigen Zeit gut zurecht gekommen. Aufmerksamkeit schenken, statt vorwärts hetzen ...

Und was rät man so einem Menschen, der für 16 Jahre im Voraus schon plant, was er dann machen wird? Nichts gegen Pläneschmieden, nichts gegen Träumen! Aber manch einen, der so redet, habe ich im Verdacht, er nehme seine momentane Arbeit nicht ernst, widme ihr nicht seine volle Zuwendung, seine ganze Aufmerksamkeit. Wenn er gar mit Menschen, mit jungen Menschen umgeht, dann kann es gar nicht anders sein, als dass seine gebremste Zuwendung ihm wie ein Echo zurückschallt. Und der Teufelskreis beginnt: Hätt ich doch diesen Job schon los! Wär ich doch schon in Rente! – Und angenommen, der liebe Gott macht ihm keinen Strich durch die Rechnung: Was wird er denn dann anfangen mit seiner Zeit?

Die Zeit ausschöpfen, sie sozusagen kosten wie einen guten Tropfen Wein! Wenn man den auf der Zunge zergehen lässt, denkt man auch noch nicht an jenen Wein, den man vielleicht übermorgen nicht zu trinken hat.

Die Zeit auskosten, auch jene, die Mühsal bringt – wir haben keine andere. Unser Schriftsteller Ceelen empfiehlt daher, die Jahre, die Tage zu feiern: „Für manchen ist jeder Tag ein Fest", sagt er. Das erinnert mich an einen Psalmvers (90,12), wo der Beter sagt: „Unsere Tage zu zählen lehre uns, Herr, dann gewinnen wir ein weises Herz." Dieses Zählen meint nicht ein Aufrechnen, es meint das Wägen und Ernstnehmen und nicht Überhasten. Jeden Tag ernst nehmen, damit wir ein weises Herz gewinnen – wie der Psalmist sagt.

Unser Text von Petrus Ceelen geht aber noch einen Schritt weiter. Er zitiert diese 30-jährige Conny, offenbar todkrank, „nur noch Haut und Knochen", schreibt er. Und die sagt: „Ich fange jeden Tag mit einem Dankeschön an."

Danken für die Zeit, die uns gegeben – danken für jede einzelne Stunde – dankbar sein für die Menschen, die uns begegnen. Aufmerksam jeden Tag annehmen. Aber mit der Dankbarkeit ist es ja auch so eine Sache!

Von einem jüdischen Rabbi wird folgende Geschichte erzählt. Ein Schüler sagte zu ihm nach dem täglichen Dankgebet: „Es ist doch so: Der Dank an Gott geht um die ganze Welt." – „Ja", sagt der Rabbi, „man gibt dem Dank keine Zeit. Und deswegen muss er um die ganze Welt rennen und suchen, ob einer ihm Zeit schenkt."

Gott behüte uns in unserem Sorgen und Hetzen.
Er lasse sein Angesicht über uns leuchten,
hinein in jeden Tag, in jede Stunde, in Arbeit und Ruhe.
Er schenke uns jeden Tag aufs Neue seinen Frieden,
damit wir uns Zeit nehmen zu leben.

Wer will schon dienen?

Wahrscheinlich hätten Sie einen Text ganz anderer Art bevorzugt. Man kann die Situation aus dem Jüngeralltag vielleicht verstehen, aber man will sie nicht so gern hören, schon gar nicht mit den daran anschließenden recht widerborstigen Worten Jesu.

Und da kamen zu ihm Jakobus und Johannes,
die Söhne des Zebedäus,
und sagten zu ihm:
Meister, wir möchten, dass du uns tust,
worum wir dich bitten.
Er sprach zu ihnen:
Was wollt ihr, dass ich euch tue?
Sie sprachen zu ihm:
Gib uns,
dass wir in deiner Herrlichkeit zu sitzen kommen,
einer zu deiner Rechten und einer zur Linken.
Als die Zehn das hörten, fingen sie an,
sich über Jakobus und Johannes zu entrüsten.
Und Jesus rief sie heran und sagte zu ihnen:
Ihr wisst, die als Anführer der Völker gelten,
herrschen auf sie herunter,
und ihre Großen lassen sie ihre Vollmacht spüren.
Bei euch aber sei es nicht so!
Sondern:
Wer ein Großer bei euch sein will,
sei euer Diener.
Und wer bei euch Erster sein will,
sei aller Knecht.
Denn auch der Menschensohn ist nicht gekommen,
um sich dienen zu lassen,
sondern um zu dienen
und sein Leben zu geben als Lösepreis für viele.

(Mk 10,35–37.41–45)

Schauen wir uns dieses Brüderpaar an, Jakobus und Johannes, die Jesus gerne ganz nahe sein wollten. Verständlich! Sie stellen sich vor, dass er – wenn alle Schwierigkeiten hinter ihnen liegen und ihr Meister Herr ist in Herrlichkeit – dass er dann gute Plätze zu vergeben hat.

Wenn Sie das Neue Testament aufschlagen, werden Sie entdecken, dass in unserem Text ein paar Verse ausgelassen sind. In denen erfährt man, dass Jesus den beiden zweierlei sagt: Sie wüssten nicht, um was sie da bitten, offenbar kann das In-Jesu-Nähe-Sein auch harte Konsequenzen haben. Verschlüsselt ist vom Martyrium die Rede. Und er sagt ihnen, diese Plätze, um die sie bitten, zu vergeben, das sei Gott allein vorbehalten. So viel zum uns fehlenden Zwischenstück (Verse 38–40).

Unser Text fährt fort mit der Verärgerung der übrigen Jünger. Diese Reaktion ist wohl verständlich, denn jeder mag gedacht haben: Und was ist mit mir? Ich möchte doch – wenn schon davon geredet wird – der Erste sein, der neben Jesus zu sitzen kommt. Wenn wir ehrlich sind, ertappen wir uns selber bei dieser Reaktion. Jeder möchte der Erste sein, möchte Macht haben, mächtiger sein als die andern, mehr zu sagen haben.

Jesus weiß, dass auch seine Jünger so denken. Er stellt deshalb herausfordernd das Negativ-Bild der Herrschenden heraus. Dieses Bild – es hat sich durch die Jahrhunderte nicht geändert. Wer Erster, wer mächtig sein will, dem gerät die andere Seite, die Folge total aus dem Blick. Ist er mächtig, übt er Macht aus – was ist dann mit den andern? Die Anführer der Völker „herrschen auf diese herunter". Unterdrückung und Machtmissbrauch kennzeichnen solche Herrschaft. Bei so einem Kontrastbild darf man nicht auf Differenzierungen warten. Auf Zwischentöne wird nicht geachtet, wenn etwas eindeutig klargestellt werden soll. Dieses Kontrastbild von den Anführern, den Großen, den Herrschenden stellt nur dar, wie es in der Nachfolge Jesu nicht sein soll.

Vielleicht ist es gut, einen Moment Abstand zu nehmen von der damaligen Situation. Was gezeichnet wird, ist das Verhalten der Mächtigen dieser Welt, und im Kontrast dazu geht es um die Haltung der Jünger – die Haltung der Zwölf – die Haltung jener Gemeinde, für die Markus sein Evangelium schrieb – also auch um die Haltung der Menschen aller Zeiten, die Jesu Jünger sein wollen.

Wenn er so klar sagt, wie es in der Jüngergemeinde nicht sein soll, so wäre zu fragen: Ja wie denn dann? Natürlich gibt es auch hier „Große" und „Erste". Doch sie sollen sich durch Sklavendienst gegenüber allen andern auszeichnen. Bei Jesu Jüngern können keine anderen Regeln gelten als jene, die Jesus verkündet und selber gelebt hat. Das Lebensgesetz, zu dem Jesus angetreten ist, seine Sendung zum Dienen – nicht zum Bedient-Werden – wird zur Begründung für den Stil des Dienens aneinander in der Jüngergemeinde.

Ich kann mir vorstellen, dass Ihnen alle unseligen Gepflogenheiten, alle Missstände, aller Machtmissbrauch in der Kirche in den Sinn kommen, Verhaltensweisen, von denen man sagen kann: „Bei euch aber sei es nicht so!"

Auch wenn solche Überlegungen (Gott sei's geklagt) nicht zu Unrecht angestellt werden – Kritik allein bringt uns nicht weiter. Wir müssen uns der Begründung für den von uns geforderten Lebensstil zuwenden, wie sie im letzten Vers unseres Textes gegeben ist.

Der selbstverständlichen Erwartung, nach der die Mächtigen über die andern erhaben sind, steht Jesu Aussage entgegen: „Der Menschensohn ist nicht gekommen, um sich dienen zu lassen, sondern um zu dienen." Das ist der Grund, weshalb es in Jesu Gemeinde kein Streben nach den ersten Plätzen geben kann und darf. Weil er gekommen ist, um die Menschen durch den Einsatz und die Hingabe seines Lebens aus der Macht des Todes zu retten, gehen nur jene in Wahrheit in seiner Spur, die nicht auf Kosten anderer leben, sondern die leben, damit andere aufleben.

Diese Selbsthingabe Jesu ist mehr als nur ein „Vorbild" für die Jünger, aus dem sie belehrende Anregungen beziehen sollten für ihr eigenes Leben. Hier kann vielmehr verstanden werden, was im Tiefsten Jesu Sendung von Gott her ist. Indem der Menschensohn sein Leben gibt, kommt er zu tiefer Übereinstimmung mit dem Willen Gottes, der die Rettung der vielen will.

Solch große Theologie wird uns auf unsern Weg gegeben – auch wenn sie uns, auf uns selber angewandt, nicht so sehr sympathisch ist.

Er hat sich auf die Seite
der Armen und Kranken gestellt,
hat ihnen von der Liebe Gottes erzählt.
Er hat nicht nur mit schönen Worten davon geredet,
er hat auch gezeigt, was seine Worte bedeuten:
Er hat sich nicht bedienen lassen,
hat den niedrigsten Sklavendienst getan,
trat für die Schuldigen ein
und gab als Lösepreis für ihre Schuld
– sein Leben.
Und ich? Was mache ich?

Umkehren und sich anvertrauen

Kennen Sie einige der so genannten Chassidischen Geschichten? Chassidismus, das ist ein Sammelbegriff für eine charismatische Bewegung des Judentums in osteuropäischen Ländern. Die Chassidim, die Frommen, mühten sich um ein gottgefälliges Leben. Sie scharten sich um einen Lehrer der Frömmigkeit, um von ihm zu lernen, was der Wille Gottes ist. Von manchen solcher Lehrer, solcher Rabbinen, wurden Geschichten erzählt und gesammelt. Sie sind in vielem vergleichbar mit unseren Heiligenlegenden. Die folgende Geschichte handelt von Rabbi Baruch aus Mesbiz.

Ein Schüler Rabbi Baruchs hatte, ohne seinem Lehrer davon zu sagen, der Wesenheit Gottes nachgeforscht und war in Gedanken immer weiter vorgedrungen, bis er in ein Wirrsal von Zweifeln geriet und das bisher Gewisseste ihm unsicher wurde. Als Rabbi Baruch merkte, dass der Jüngling nicht mehr wie gewohnt zu ihm kam, fuhr er nach dessen Stadt, trat unversehens in seine Stube und sprach ihn an: „Ich weiß, was in deinem Herzen verborgen ist. Du bist durch die fünfzig Pforten der Vernunft gegangen. Man beginnt mit einer Frage, man grübelt, ergrübelt ihr die Antwort, die erste Pforte öffnet sich: in eine neue Frage. Und wieder ergründest du sie, findest ihr die Lösung, stößest die zweite Pforte auf – und schaust in eine neue Frage. So fort und fort, so tiefer und tiefer hinein. Bis du die fünfzigste Pforte aufgesprengt hast. Da starrst du die Frage an, deren Antwort kein Mensch erreicht, denn kennte sie einer, dann gäbe es nicht mehr die Wahl. Vermissest du dich aber weiter vorzudringen, stürzest du in den Abgrund." „So müsste ich also den Weg zurück an den Anfang?", rief der Schüler. „Nicht zurück kehrst du", sprach Rabbi Baruch, „wenn du **umkehrst**:*

Jenseits der letzten Pforte stehst du dann und stehst im Glauben."

Zwei Wörter sind es, an denen unsere Geschichte hängt: Vernunft und Glaube.

Wie also ist die Situation? Unser Schüler wollte der Wesenheit Gottes nachforschen. Ein Theologiestudent also? Doch man muss nicht gleich zur Universität gehen, um – wie es heißt – in Gedanken immer weiter vorzudringen. Unsere Geschichte aber spricht gleich einen Tadel aus: Der junge Mann wollte sich selbständig machen, nicht von seinem Lehrer sich führen oder beraten lassen. Und was geschieht: Er gerät in ein Wirrsal von Zweifeln und auch, was ihm bislang gewiss schien, wurde ihm unsicher. Bohrende Fragen, versuchte Antworten: neue Fragen, Unsicherheit. Wer kennt das nicht!

Unser Schüler hatte es gut. Sein Lehrer, Rabbi Baruch, machte sich Sorgen und kümmerte sich um ihn. Er ließ den seiner eigenen Vernunft vertrauenden Schüler nicht allein. Er reiste zu ihm, um ihm mit seinem Rat beizustehen. Zweifelnden raten – das gilt auch in der christlichen Überlieferung als Werk der Barmherzigkeit. Und was sagt der Rabbi? Er benützt ein eindrucksvolles Bild: Er redet von den fünfzig Pforten der Vernunft. Man kommt nicht so schnell ans Ziel! Es geht nicht einfach so, wie man es manchmal gerne hätte. Auf eine Frage – eine genaue Antwort – und das Problem ist doch nicht gelöst! Vielmehr: Man grübelt – „ergrübelt der Frage die Antwort ab", sagt unsere Geschichte: Ist es so? Oder vielleicht so? Oder noch ganz anders? Oder stimmt alles nicht, was man glaubte zu wissen? Man gerät wie der Schüler in ein Wirrsal von Zweifeln ... Und hat man mit aller Anstrengung der Vernunft eine Antwort „ergrübelt", da öffnet sich eine Tür. Man könnte aufatmen – doch man schaut schon einer neuen Frage ins Gesicht. Und so fort und fort und tiefer und tiefer hinein. Es ist eine tolle Sache mit unserer Vernunft. Sie führt uns immer weiter und öffnet uns – wenn auch mit Grübeln und Ergründen und neuem Grübeln – immer wieder eine Tür. Doch, ist sie der geeignete Wegweiser, um – wie es sich unser Schüler vorgenommen hatte – „der Wesenheit Gottes nachzuforschen"?

Der Rabbi in unserer Geschichte gibt eine eindrucksvolle Antwort. Hat man auch die fünfzigste Pforte aufgesprengt, dann starrt einen die Frage an, deren Antwort kein Mensch erreicht. Hätte man sie – wären alle Zweifel gelöst. Doch die Vernunft ist zur Lösung nicht das rechte Mittel. Denn auch nur einen Schritt weiter vordringen zu wollen, das brächte den Sturz in den Abgrund. Die menschliche Vernunft ist an ihre Grenze gekommen.

Hörte die Geschichte hier auf, könnte man sich wirklich der Verzweiflung anheim geben. Und unser Schüler ist nahe daran. War alles umsonst? Alles Nachdenken und Nachsinnen, alles Ergrübeln – die ganze Anstrengung der Vernunft? Doch der Rabbi sagt nicht: „Zurück an den Anfang", wie der Schüler befürchtet. Die ganze Anstrengung von Frage zu Antwort zu neuer Frage war notwendig, um an die fünfzigste Pforte zu kommen. Aber hier ist Schluss mit den bis hierher gültigen und notwendigen Mitteln und Methoden. Man muss nicht zurückkehren, als ob der ganze Weg umsonst gewesen wäre. Man muss umkehren – sozusagen sich selber um 180 Grad drehen, eine ganz andere Perspektive einnehmen: „Wenn du umkehrst: Jenseits der letzten Pforte stehst du dann und du stehst im Glauben" – sagt der Rabbi.

Im Glauben stehen, nicht mehr mit aller Anstrengung der Vernunft den Rätseln der Welt und des lieben Gottes auf die Spur kommen wollen.

Aber wie denn dann? Unser Schüler hat seinen Weg angefangen mit großem Selbstvertrauen. Und das hat ihn von Tür zu Tür gebracht und ihm Tür um Tür geöffnet. Er hat sich auf seine Einsicht und seine Vernunft und auf sich selber verlassen. Jetzt ist etwas anderes gefragt: Er muss sich auf einen andern verlassen – muss sich darauf verlassen, dass der ihm seine Fragen beantwortet.

Sich auf einen andern verlassen. Unsere deutsche Sprache sagt hier mehr, als wir üblicherweise heraushören. Ich verlasse mich auf einen andern, das heißt: Ich verlasse mich selber und lasse mich auf einen andern ein. Ich lasse mich auf ihn ein, weil ich mich auf ihn verlassen kann, weil ich ihm vertraue. Ich gebe meine eigene Sicherheit auf und verlasse mich auf ihn.

Mir scheint, der chassidische Rabbi hat seinem Schüler und uns eine gute Lektion erteilt. Ein großes Stück Weg können wir uns auf uns selber verlassen mit unseren Fragen und Problemen. Doch wenn wir dem Geheimnis Gottes nachspüren, dann kommen wir immer an einen Punkt, wo wir umkehren müssen – uns umwenden, die Perspektive wechseln. Nicht mehr uns selber vertrauen, sondern uns einem andern anvertrauen.

Und woher weiß ich, dass solches Vertrauen trägt? Wissen – vorher schon wissen kann man das nicht. Vertrauen erfährt man nur, wenn man Vertrauen wagt. Wenn du umkehrst und dich selber verlässt, deine Sicherheiten verlässt, dann erfährst du, was Vertrauen, was Glauben heißt.

Ich höre das alles gern.
Und ich rede auch davon,
wenn man mich danach fragt.
Und auch ungefragt mache ich meinen Mund auf.
Ich glaube auch, dass es so ist.

Aber, was heißt hier „glauben"?
Es heißt ganz sicher: Ich halte es für wahr.
Ich bin auch bereit, dafür einzustehen,
es zu verteidigen. Mit allem, was ich bin.

Und dennoch!
Ziehe ich daraus auch die Konsequenzen?
Nicht mit noch weiteren Worten für andere,
sondern ganz einfach für mich?
„Mich ganz ihm anvertrauen",
mit allem, was ich kann und bin.
Alles loslassen, was mich daran hindert.
Ganz einfach: Umkehren!

Stillhalten – entdecken

Wer ist unser Gott?

Unser Text stammt aus dem Alten Testament. Vielleicht kennen Sie ihn überhaupt nicht. Es sind zwei Abschnitte aus dem Ersten Buch der Könige (Kapitel 8), einige Verse, die von der Fertigstellung des Tempels berichten, und zwei weitere Verse aus dem sogenannten Tempelweihegebet Salomos.

Als dann die Priester aus dem Heiligtum traten,
erfüllte die Wolke den Tempel.
So konnten sie wegen der Wolke
ihren Dienst nicht verrichten;
denn die Herrlichkeit des Herrn erfüllte den Tempel.
Damals sagte Salomo:
Jahwe hat die Sonne an den Himmel gesetzt;
er selbst aber wollte im Dunkel wohnen.
Ich habe ein fürstliches Haus für dich gebaut,
eine Wohnstätte für ewige Zeiten.

Wohnt denn Gott wirklich auf der Erde?
Siehe, selbst der Himmel und
die Himmel der Himmel können dich nicht fassen,
wie viel weniger dieses Haus, das ich gebaut habe.
Wende dich, Herr mein Gott,
dem Beten und Flehen deines Knechtes zu!
Höre auf das Rufen und auf das Gebet,
das dein Knecht heute vor dir verrichtet.
(1 Kön 8,10–13.27–28)

Dieser Text mag Ihnen fremd erscheinen. Tempelbau in Jerusalem – Heiligtum des Tempels – Tempelweihegebet ... Und wer war doch wieder dieser Salomo? Ach ja – der Sohn Davids, des von der Bibel hoch geschätzten Königs, trotz der nicht unbeträchtlichen Macken in seiner Biographie.

Von den Zeitereignissen, von denen der Text hier spricht, trennen uns 3000 Jahre. Wie immer das damals – im Einzelnen – mit dem Tempelbau gewesen sein mag, schon von David heißt es, dass er einen solchen hatte errichten wollen. Mögen die Einzelheiten uns bekannt sein – es stehen im Text einige Aussagen, über die wir nicht einfach hinweggehen dürfen, falls uns die Überlieferung und der Glaube unserer Väter und Mütter wichtig sind, falls uns wichtig ist, was im heiligen Buche steht.

Also, was erfahren wir hier? Der Tempel ist fertig gestellt. Er wird in der Bibel in den höchsten Tönen gelobt, als herrliches Bauwerk bewundert. Nun sind die Priester daran, ihre Aufgabe wahrzunehmen, nämlich Gott zu loben und ihm – als Zeichen der Hingabe – Opfer darzubringen.

Doch es heißt: Als diese Priester aus dem Heiligtum (dem Innersten des Tempels) herausgehen, da erfüllt die Wolke den Tempel. *Die* Wolke, nicht eine Wolke. Komisch! Wolken – Schlechtwetterpropheten würden wir sagen. Doch keineswegs ist das biblische Ausdrucksweise. Oft und oft lesen wir, dass bei entscheidenden Ereignissen der Geschichte Israels die Wolke erwähnt wird, immer dann, wenn Gott sich bemerkbar macht. Vielleicht erinnern Sie sich an die Geschichten vom Wüstenzug Israels, wo es immer wieder heißt, dass eine Wolkensäule dem Volk vorauszog und ihm den Weg wies.

Das ist nicht unsere Sprechweise. Die biblischen Schreiber wollen mit diesem Bild sagen: Gott war es, der den herumirrenden Völkerstämmen den sicheren Weg durch die unwegsame Wüste gewiesen hat. Und hat er das? Natürlich! Sonst wären sie nicht schließlich doch im verheißenen Land angekommen!

Eine Wolke – Zeichen der Anwesenheit Gottes. Doch diese Anwesenheit ist nicht direkt greifbar – fassbar. Sie zeigt sich wie eine Wolke, die mehr verschleiert, als sie offen legt – man kann sie nicht greifen, nicht einfangen.

Dass hier von der Anwesenheit Gottes in diesem – für den Dienst an ihm – errichteten Haus die Rede ist, das zeigt sich sofort, denn es heißt im nächsten Vers: Die Wolke war so dicht – sie konnten nicht agieren und ihren Dienst nicht verrichten. Die Wolke hinderte sie?

Im gleichen Atemzug ist plötzlich von der Herrlichkeit Jahwes, der Herrlichkeit des Herrn die Rede. Wolke und Herrlichkeit – zwei in der Bibel fast deckungsgleiche Begriffe. Die Herrlichkeit Gottes ist so groß, dass der Mensch sie nicht ertragen könnte. Deswegen zeigt sich Gott verborgen – gleichsam von einer Wolke verhüllt.

Zugleich aber ist in dem Vers auch eine Richtigstellung angedeutet für eine auf ihre Funktion vielleicht etwas eitle Priesterschaft. Wenn die Priester nicht wahrnehmen, dass das Erste in diesem Tempel die Wahrnehmung und Anerkennung von Gottes Größe und Macht und Herrlichkeit ist, dann können sie mit all ihrem vielleicht recht prunkvollen Tempeldienst zu Hause bleiben!

Mir wird da ein bisschen unwohl, wenn ich an unsere „Dienste" zu Ehren Gottes denke. Erst kommt die Anerkennung von Gottes Größe und Herrlichkeit, und daraus erst sollte unser Gottesdienst erwachsen, unser Dienst zur Ehre dieses großen Gottes – verborgen und doch zugänglich, verborgen und doch sich offenbarend ...

Von diesem Salomo wird auch sofort gesagt, dass er verstanden hat, was hier geschieht. Die Sonne, für viele Völker damals ein Zeichen, ja nicht nur ein Zeichen von göttlicher Macht, sondern auch selber als Gottheit verehrt. Jetzt wird uns gesagt: Diese Sonne mag noch so herrlich sein – und kein Wunder, denn Israels Gott ist es ja, der sie an den Himmel gesetzt hat – doch dieses Abbild ist nicht Gott. Gott selber will im Dunkel wohnen. Er zeigt sich uns nur verhüllt. Und wir brauchen gute Augen und ein offenes Herz, ihn dennoch zu erkennen, seine Größe zu erfahren.

Gleich aber meldet sich des Königs eigener Stolz zu Wort: Was für ein schönes Haus habe ich doch bauen lassen für unseren Gott! Das ist so schön, dass er auf ewig hier wohnen wird.

Ob jener, der unseren Text sehr viel später aufschrieb, schon die Zerstörung des Tempels durch die Babylonier gesehen hat? Ist das vielleicht auch eine leise Kritik?

Dem wird auch gleich Rechnung getragen. Ein paar Verse weiter ist uns im gleichen Kapitel ein Gebet überliefert, das Tempelweihegebet Salomos wird es genannt. Und was wird hier gesagt? Der Beter fragt sehr nachdenklich, ob Gott denn überhaupt auf der Erde wohnt. Und was heißt „im Himmel"? Die Menschen damals waren nicht so naiv, wie wir es manchmal vermuten. Um die Größe Gottes auszusagen, dachten sie: Es gibt sicher über dem, was wir als Himmel bezeichnen, einen weiteren, und auch der ist nicht der letzte. Es gibt noch einen und noch einen. Und schließlich sprachen sie von den sieben Himmeln – nicht um sie an den Fingern herunterzuzählen! Sieben, die heilige Zahl, Zahl der Fülle – weiß Gott, wie groß und weit der Ort ist, wo Gott wohnt – und was heißt „Ort" – die Himmel der Himmel können Gottes Größe nicht fassen. Was soll dann die Rede: Gott wohne hier in diesem Haus!

„Also, was soll's?", kann man dann fragen. Doch der Beter sagt es schon im nächsten Satz: Hier ist der Ort des Gebets. Wenn wir alle hierher kommen und gemeinsam rufen und beten, dann möge Gott, der über allen Himmeln wohnt, das Gebet hören, das jetzt der König, stellvertretend für alle, spricht. Und dieser große, berühmte König wird nur Knecht genannt. Vor Gott ist er wie der Letzte im Land.

Mir scheint, die paar Verse aus dem 8. Kapitel des Ersten Königsbuchs können uns nachdenklich machen, so dass wir uns fragen: Wer ist unser Gott? Sind wir uns bewusst, dass wir sein Geheimnis nur ahnen können – dass er uns nahe ist und doch verborgen bleibt – dass wir uns aber dennoch mit unseren Rufen und Bitten und mit unserem Lob an ihn wenden können?

Wenige Verse – sie wecken uns auf.
Sie fragen uns: Wer ist denn euer Gott?

Er ist ein ferner Gott – und doch ist er nahe.
Sein Geheimnis – wir können es nur erahnen.
Er ist verborgen in seiner Herrlichkeit.
Und doch glauben wir und vertrauen darauf:
dass er auf jeden achtet, der ihn anruft.

Der Gott der Väter – unser Gott

Ein Abschnitt aus dem Buch Exodus (dem Zweiten Buch Mose, wie wir auch sagen) soll uns begleiten. Gleich zu Beginn des dritten Kapitels steht dort ein programmatischer Text. Der junge Mose hatte fliehen müssen. Im Ärger, besser gesagt in der Wut, über einen

Ägypter, der einen seiner Landsleute quälte, hatte Mose diesen erschlagen. Also war seines Bleibens nicht länger. In der Wüste schloss er sich einem Nomadenstamm an. Er wurde dort so gut aufgenommen, dass er sogar die Tochter des Stammesführers und Priesters zur Frau bekam. Sollte er nun dort in der Wüste bleiben, fern vom Schicksal seines Volkes, und die Schafe hüten?

Gott hatte anderes mit ihm vor. Sie erinnern sich, dass Mose schon als Säugling auf wunderbare Weise vom allgemeinen Todesschicksal aller Knaben errettet worden war. Sogar am ägyptischen Hof war er erzogen worden, als Schützling der Pharaonentochter. Das heißt also, er hatte eine exzellente Erziehung genossen. Solch ein Mensch sollte nicht im Wüstensand verkommen. Gott hatte Mose erwählt: Führer seines Volkes sollte er werden.

Mose weidete die Schafe Jîtros, seines Schwiegervaters,
des Priesters von Midian.
Er trieb die Schafe über die Wüste hinaus
und kam zum Gottesberg, dem Horeb.

Da ließ von ihm sich sehen der Bote Jahwes
in einer Feuerflamme mitten aus dem Dornbusch.
Er sah hin, und siehe,
der Dornbusch brannte im Feuer,
doch er wurde nicht verzehrt.

Da sagte Mose:
Ich will hintreten und ansehen diese Erscheinung,
warum der Dornbusch nicht verbrennt.

Als Jahwe aber sah, dass er hinging, um es anzusehen,
da rief Gott ihn an – mitten aus dem Dornbusch.
Er sprach: Mose, Mose!

Der antwortete: Hier bin ich.
Und er sagte: Komm nicht näher!
Streife deine Schuhe von deinen Füßen;
denn der Ort, wo du stehst, ist heiliger Boden.

Und er sprach weiter:
Ich bin der Gott deines Vaters,
der Gott Abrahams,
der Gott Isaaks
und der Gott Jakobs.

Da verhüllte Mose sein Angesicht,
denn er fürchtete sich, Gott anzuschauen.

(Ex 3,1–6)

Dieser Abschnitt ist der Anfang der Berufungsge-
schichte des Mose. Es ist sicher ein Ihnen so halb bekannter und doch ganz sicher kein leichter Text. Ob
Sie beim Blättern in der Bibel hier wohl hängen geblieben wären?

Zunächst scheint es einfach eine Erzählung zu sein
von einem, der eine merkwürdige, nicht alltägliche Erfahrung macht. Schaut man den Text genauer an, so
merkt man: Hier stehen offensichtlich schwerwiegen-
de theologische Sätze. Gott zeigt sich einem Menschen auf ganz direkte und dennoch verschlüsselte
Weise.

Doch es ist ganz eindeutig: Hier ergreift Gott die Initiative; er bringt sich in Erfahrung. Hier wird einer von
Feuer geläutert und vom Wort Gottes gepackt. Er soll –
wie man später lesen kann – Führer seines Volkes werden, Führer in die Freiheit. Es scheint mir wichtig,
dass Gott sich nicht in Ägypten offenbart, sondern in
der Wüste, dem traditionellen Ort der Gottesbegeg-
nung. Und Gott geht auf Mose zu, als er bei seiner
Arbeit ist, einer Arbeit, die zugleich auch hindeutet

auf den Auftrag, den er übernehmen soll: Er wird zum Hirten des Gottesvolkes berufen. Dass die Begegnung am Gottesberg stattfindet, das schlägt den Bogen zum großen Ereignis, als sich Gott dem ganzen Volk zeigt und ihm sagt, welchen Weg es gehen soll, wenn es sein Volk sein will.

Der brennende Busch auf heiligem Boden, den Mose nicht mit Ledersohlen (von toten Tieren gewonnen) betreten soll, ist Bild für die Wirklichkeit Gottes selber. Gott durchbricht unsere anerzogenen Erfahrungs- und Umgangsformen. Er ist das Feuer, das brennt und den, in dem es brennt, doch nicht verbrennt. Er ist eine Macht, die nicht von Zerstörung, nicht auf Kosten der anderen lebt. Fast alle Lebewesen leben auf Kosten der anderen. Dieses unumstößliche Naturgesetz haben wir auch zum Gesetz der Geschichte gemacht. Starke leben auf Kosten der Schwachen; Sieger auf Kosten der Besiegten; Reiche auf Kosten der Armen. Hier im Dornbusch, der brennt und nicht verbrennt, leuchtet eine Zukunft auf, die anders sein soll als die Vergangenheit und Gegenwart. Eine Zukunft ohne Zerstörung, wo Feuer lodert, ohne zu verzehren.

Auf eine solche Zukunft hin hat Gott eingegriffen durch Abraham, Isaak und Jakob. Dabei gilt es, die Ohren zu spitzen bzw. genau hinzuschauen, wenn von den drei Stammvätern und ihrem Gott in der Bibel die Rede ist. Die drei werden nicht einfach aufgezählt. Es heißt immer, der Gott Abrahams und der Gott Isaaks und der Gott Jakobs. Dadurch weist der biblische Text darauf hin, dass nicht von einem Allerweltsgott gesprochen wird; vielmehr: Jeder der Stammväter musste den Gott seines Vaters selber entdecken, sich zu ihm bekehren, auf dass er sein Gott werde. Dieser Gott Abrahams, der der Gott Isaaks und der Gott Jakobs wurde, er will der Gott des Mose, der Gott Israels werden. Er will jetzt durch Mose in die Geschichte eingreifen und die Befreiung seines Volkes aus dem Sklavenhaus herbeiführen.

Doch auch wenn dieser Gott in diese Welt einbricht und in ihr da ist, so ist er doch kein Stück dieser Welt. Mose wird sich dessen sofort bewusst; er verhüllt sein Gesicht; ihm wird klar, dass der, der sich hier offenbart, ein Geheimnis bleibt.

Dennoch tritt dieser verborgene Gott auf Mose zu; er ruft ihn zweimal mit Namen; das heißt: Es geht um eine ganz persönliche Inanspruchnahme. Und der rufende Gott stellt sich vor: „Ich bin ..." Der längst bekannte Gott der Väter gibt sich hier kund als der, der auch mit Mose gehen wird, wie er mitgegangen ist mit den Vätern. Man muss sich nur auf ihn einlassen, dann lässt er einen nicht im Stich.

Der Text ist mir wichtig geworden.
Hier zeigt sich mir ein Gott,
der auf die Menschen zugeht.

Ein Gott, der seine Pläne durchführt
und sie nicht ohne die Menschen zu Ende bringt.
Hier begegnet mir ein Gott,
der Feuer auf die Erde bringt,
aber dieses Feuer frisst nicht alles auf;
es brennt nur und leuchtet und fasziniert.

Hier zeigt sich mir Gott als einer,
der mir nahe kommt,
wenn ich ihm nicht davonlaufe,
wenn ich vielmehr auf ihn zugehe, mich ihm öffne.

Und doch muss ich erkennen und begreifen,
dass der nahe Gott zugleich ein Geheimnis ist,
das mich anzieht
und mich zugleich Abstand halten lässt –

Abstand vor dem großen Gott,
der sich dennoch um mich kümmert,
der mein Gott ist.

Hört Gott unser Gemurr?

Den Abschnitt aus dem Buch Exodus, dem Zweiten
Buch Mose, den wir uns anschauen, kennen Sie ein
bisschen, „Exodus", das heißt ja zu deutsch „Auszug".
Das ganze Buch handelt vom Auszug des Volkes Israel
aus der Knechtschaft in Ägypten, aus dem Sklavenhaus, wie die Bibel sagt. Sie erinnern sich, dass dieser
Auszug in die Freiheit kein Spaziergang war. Nicht
nur, dass der Pharao, Ägyptens König, dem seine Freiheit suchenden Volk alle Hindernisse in den Weg
legte, die man sich nur denken kann; auch der Weg,
der vor den Kindern Israels lag, war von Mühsal und
Plage gezeichnet. Kein Wunder, dass das Sklavendasein
in Ägypten bald vergessen war. Und – so sagten sie
sich – so schlimm war es ja gar nicht in jenem Land!
Man hatte wenigstens genug zu essen! Sie weinten,
wie es in der Bibel heißt, „den Fleischtöpfen in Ägypten" nach; was sollten sie hier in der Wüste! Einige
fingen an zu murren, und bald gehörte das Gemurr zur
Tagesordnung. Mose hatte es nicht leicht. Einen mur-
renden Haufen durch die Wüste führen! Immer wieder
klagt er seinem Bruder Aaron sein Leid. Vor allem aber
klagt er bei Gott: Er möge sich doch bemerkbar machen.

Und Mose sprach zu Aaron:
Sprich zur ganzen Gemeinschaft der Söhne Israels:
Tretet hin vor Jahwe,
denn gehört hat er euer Gemurr!

Und es geschah,
als Aaron zur ganzen Gemeinschaft
der Söhne Israels redete,
da wandten sie sich zur Wüste hin.
Und siehe: In der Wolke erschien
die Herrlichkeit Jahwes.

Und Jahwe sprach zu Mose so:
Ich habe das Gemurr der Söhne Israels gehört.
Rede zu ihnen so:
Gegen Abend werdet ihr Fleisch essen
und am Morgen von Brot satt werden,
damit ihr erkennt, dass ich Jahwe euer Gott bin.

Und es war Abend, da stiegen Wachteln herauf
und bedeckten das Lager.
Am Morgen aber war eine Tauschicht
rings um das Lager.
Und als die Tauschicht aufstieg,
siehe, da lag auf dem Boden der Wüste
etwas Kleines, Knuspriges, fein wie Reif auf der Erde.

Als das die Söhne Israels sahen, sagten sie zueinander:
Was ist das?
Denn sie wussten nicht, was es war.
Da sagte Mose zu ihnen:
Das ist das Brot,
das Jahwe euch zum Essen gegeben hat.
Und das ist es, was Jahwe euch gebietet:
Ein jeder sammle so viel, als er zum Essen braucht,
einen Krug voll pro Kopf,
je nach der Zahl der Leute in seinem Zelt.

Die Söhne Israels taten so,
sie sammelten ein, der viel und der wenig.
Als sie es aber mit dem Krug maßen,

41

hatte der nicht zu viel, der viel gesammelt hatte,
und der nicht zu wenig, der wenig gesammelt hatte.
Jeder hatte gesammelt, so viel er zum Essen brauchte.
Und Mose sagte zu ihnen:
Nichts sollt ihr übrig lassen bis zum nächsten Morgen.

(Ex 16,9–20)

Eine wunderbare Geschichte, werden Sie denken, fast wie ein Märchen. Es regnet Brot vom Himmel, und zur rechten Zeit kommt auch noch das Fleisch in die Pfanne geflogen. Diese Wachteln, die mögen ja noch angehen, aber wie ist das mit diesem Brot? Hieß das nicht Manna? So haben wir es in Erinnerung.

In unserem Text heißt es, dass die Israeliten, als sie da etwas Feines, Knuspriges auf dem Boden sehen, erstaunt fragen: Was ist das? Im hebräischen Text heißt das: Man hu? Sie merken also, woher der Name Manna kommt. Noch heute reden die Beduinen, wenn sie das Kristallisationsprodukt sehen, von „mann". Offensichtlich gibt es das also. Es gibt die sogenannte Manna-Tamariske; sie sondert sirupartige glasige Tropfen ab. Der Geschmack der auskristallisierten Mannakörner ist eigenartig süß, ähnlich wie Honigzucker.

Ach, denken Sie jetzt längst. Manna und Wachteln – das war also etwas ganz Alltägliches; jeder auf der Sinaihalbinsel kann darauf stoßen. Doch hier wird klar, was die Bibel als „Wunder" deutet. Für den biblischen Menschen ist für ein Wunder nicht entscheidend, dass Naturgesetze durchbrochen werden. Wunder ist vielmehr alles, was ihn betroffen macht, was ihn öffnet für Gott. Alles, was ihn daran denken lässt, dass er nicht allein ist, dass vielmehr Gott ihn trägt und führt. Ein solches Wunder ist in der Tat das Manna in der Wüste. An ihm wird deutlich: Er ist da, er ist nahe, er gibt Leben. Wie der Regen als Gabe Gottes das Kulturland fruchtbar macht, so schenkt Gott nach unserer

Darstellung im Buch Exodus „Brot vom Himmel", welches das Antlitz der Wüste fruchtbar macht und dem hungernden Volk Lebenskraft und Fruchtbarkeit verleiht.

Dabei scheint mir wichtig, dass die ganze Geschichte vom Manna im Exodusbuch mit dem Sabbat verbunden ist. Ich will Ihnen den Zusammenhang kurz erzählen. Wir haben am Schluss unseres Textes gerade noch gelesen, dass Mose seine Landsleute anweist, immer nur so viel zu sammeln, als sie für den Tag brauchen. Keine ängstliche Vorratswirtschaft: Es heißt sogar, dass alles, was zu viel gesammelt und gehortet wurde, am andern Tag verdorben war.

Hier ist ein eindeutiges Zeichen gesetzt, das „Vertrauen" heißt. Vertrauen auf den Gott, der heute für uns gesorgt hat. Und so soll es sechs Tage lang sein. Am sechsten Tag aber, da sollten die Kinder Israels auch für den Sabbattag vorsorgen. „Sechs Tage sollst du arbeiten, am siebten aber sollst du ruhen." Hier stoßen wirtschaftliche Realitäten und Glaubenstradition aufeinander. Es ist die eindeutige Aussage: Die entscheidende Fruchtbarkeit ist nicht der Ertrag menschlicher Arbeit, sondern das Brot vom Himmel. Hier werden unsere Ordnungen gewissermaßen auf den Kopf gestellt. Der Sabbat ist die Voraussetzung für die Gabe des Manna – nicht umgekehrt! Im Halten des Sabbat lässt der Mensch Gott seinen Freiraum, in dem er ihn doppelt beschenken kann. Das heißt: Wer sich ganz auf Gott verlässt, der ist nicht verlassen.

Gleich im ersten Teil unseres Textes steht eine Aussage, die wir bisher nicht beachtet haben. Wir dürfen sie aber auf keinen Fall übergehen. Es heißt dort: „In der Wolke erschien die Herrlichkeit des Herrn." Vom Erscheinen der Herrlichkeit des Herrn ist an anderen Stellen, meist im Zusammenhang mit dem Heiligtum Israels, dem Tempel, oft die Rede. Immer geht es darum: Gottes Nähe wird sichtbar. Doch bei all dieser Nähe wird zugleich seine Herrlichkeit, das heißt seine Unbegreiflichkeit und damit auch seine Ferne, offenbar. Es scheint mir wichtig, dass hier an dieser Stelle, da Gott das Gemurr der Kinder Israels ernst nimmt und er sich entschließt, ihrem Hunger und ihrer Verzweiflung abzuhelfen, just an dieser Stelle Gott in seiner Herrlichkeit sich sichtbar macht. Das gibt der Manna-Wachtel-Gabe ein besonderes Gewicht. Angesichts der tödlichen Bedrohung war der Aufschrei des Volkes ganz verständlich. Der biblische Text kritisiert das auch nicht mit der leisesten Andeutung. Doch die Aussage ist eindeutig: Manna und Wachteln sind Offenbarungszeichen Jahwes für sein Volk. Daran soll ihnen die Nähe Gottes, seine Herrlichkeit, erfahrbar werden. Sie werden hingewiesen auf die Güte ihres Gottes, der zu seiner Zusage steht, sie in das den Vätern verheißene Land zu führen.

Wir bekennen, dass Gott auf unserer Seite steht,
dass er sich um die Menschen kümmert,
dass er seinen Plan mit uns hat.
Und doch fällt es uns im Alltag unseres Lebens schwer,
das festzuhalten, es wahrzunehmen,
wenn Zwischenfälle uns eines anderen belehren wollen.

Auch denen, die aus Ägypten auszogen,
lachte nicht eine angenehme Sonne;
sie brannte vielmehr heiß auf den Wüstensand.
Probleme, Krankheiten, Behinderungen
stellten sich in den Weg.
Und nur dann und wann
zeigte sich ganz unerwartet,
dass Gott sie nicht vergessen hatte.

Nicht nur mit dem Verstand festhalten ...
Nicht nur als theologische Formel etwas nachbeten ...
Nicht verzweifeln,
wenn es scheint, wir seien allein gelassen ...
Vertrauen, dass Gott uns nahe ist ...
Vertrauen, dass Gott uns nicht vergisst ...
Vertrauen, dass Gott auf unserer Seite steht ...

Ein strahlendes Angesicht, uns zugewandt

Wir nehmen uns einen Abschnitt aus dem letzten Buch der Heiligen Schrift vor, der sogenannten Offenbarung (oder auch mit dem griechischen Wort „Apokalypse" bezeichnet).
In den beiden letzten Kapiteln dieses Buches wird uns die Vision der vollendeten Schöpfung vorgestellt. Der Schreiber muss allerdings, um diesen vollendeten, vollkommenen Zustand zu beschreiben, Bilder benützen, die ihm aus seiner menschlichen Erfahrung gegeben sind. Er stellt uns drei farbenprächtige Bilder für den Endzustand vor.
Im ersten Bild wird die Welt als das neue Jerusalem, das vom Himmel herabsteigt, beschrieben, und zwar wie es von außen her aussieht (Offb 21,5–21a). Es ist gebaut auf dem hohen Berg mit Toren, die besetzt sind mit kostbarem Edelstein und mit Mauern, in idealen Maßen aufeinander abgestimmt.
Das zweite Bild bringt die Beschreibung des Stadtinneren (Offb 21b–27). Diese Stadt braucht keinen Tempel mehr, denn Gott selber ist ihr Tempel, sie braucht weder Sonne noch Mond, denn Gottes Herrlichkeit erleuchtet sie. Die Tore der Stadt stehen immer offen und die Völker werden wandeln in ihrem Glanz.
Mit einem dritten Bild (Offb 22,1–5) wird neu angesetzt: Mit der Herabkunft des neuen Jerusalem wird

der Erde das verlorene Paradies wiedergeschenkt. Diese
Verse wollen wir ein wenig genauer bedenken.

Und er zeigte mir einen Fluss voll Wasser des Lebens,
klar wie Kristall.
Der brach hervor aus Gottes und des Lammes Thron.
In der Mitte, zwischen ihrer Straße und dem Fluss,
auf beiden Seiten:
Das Holz des Lebens, das zwölfmal Früchte trägt,
jeden Monat trägt es seine Frucht.
Und die Blätter des Holzes
sind zur Heilung der Völker.
Nichts, was den Fluch Gottes trifft,
wird es mehr geben.

Der Thron Gottes und des Lammes
wird in der Stadt stehen,
und seine Knechte werden ihm dienen.
Und sie werden sein Angesicht schauen,
und sein Name ist auf ihre Stirn geschrieben.
Nacht wird es nicht mehr geben.
Sie brauchen weder das Licht einer Lampe
noch das Licht der Sonne.
Denn der Herr, Gott, wird über ihnen leuchten,
und sie werden wie Könige herrschen in alle Ewigkeit.
(Offb 22,1–5)

Das Bild entwirft eine großartige Sicht des wiederge-
schenkten Paradieses. Mit dem Paradies begann das erste Buch der Bibel und machte mit ihm den Anfang
der Geschichte Gottes mit den Menschen. Mit dem
Paradies endet das letzte Buch der Heiligen Schrift und
lässt so diese Geschichte ausmünden in einen neuen
glückbringenden Anfang, dem kein Ende mehr gesetzt
ist. Dass dazwischen heillose und heilvolle Zeiten liegen, zeigt der Hinweis auf das Lamm. In jedem ge-

übten Ohr klingt der Gebetsruf an: „Lamm Gottes, das du hinwegnimmst die Sünde der Welt ..." Das heißt, die heillose Welt ist erlöst. Deshalb ist sie nicht nur gekennzeichnet als Stadt des ewigen Lichts, sondern auch als Stadt des ewigen Lebens.

Der im Text Redende ist der Seher, der die Vision aufgeschrieben hat; und der, der ihm alles zeigt, ist einer der sieben Engel, die Unheil und Heil angesagt hatten.

Was da steht, ist nicht unsere Sprache und drückt nicht unsere Art zu denken aus. Man muss sich länger damit befassen, bis es sich erschließt.

Der Schreiber sieht den Fluss voll Wasser des Lebens. Er entspringt dem Throne Gottes und des Lammes. „Lamm" – so wird Jesus Christus in der ganzen Offenbarung genannt, um hinzuweisen auf den von ihm freiwillig erlittenen Tod, „das Lamm wie geschlachtet", so heißt es schon in Kapitel 5 der Offenbarung – durch das Lamm also ist für die Menschheit der Urquell ewigen Lebens von neuem erschlossen. Wasser und Leben gehören für den orientalischen Menschen untrennbar zusammen; wo es Wasser gibt, ist üppiges Wachstum; wo es fehlt, wird alles zur Wüste. Hier wird das Bild vom Paradiesesstrom mit dem von der Tempelquelle, von welcher der Prophet Ezechiel (47,1–12) spricht, in eins gesehen. Das heißt: Gott gibt seiner Schöpfung nie zu Ende gehende Fülle der Lebenskraft.

Aus der Paradiesesgeschichte stammt auch das Bild vom Baum des Lebens. Dieser Baum hier trägt Früchte das ganze Jahr hindurch, das will sagen, die Speise der Unsterblichkeit geht niemals aus. Dazu kommt, dass alle neu ankommenden Völker von diesem Baum Heilung von allen Gebrechen finden.

Wenn Sie sich ein bisschen in biblischer Redeweise kundig machen, dann fällt Ihnen unweigerlich ein: Dieses Paradies im neuen Jerusalem ist nicht reserviert nur für Gottes auserwähltes Volk; es ist offen für alle Völker. Hier finden sie Heilung von allem, was sie quält. Das „Holz des Lebens" erinnert uns auch an das Holz des Kreuzes, durch das aller Fluch der Welt getilgt ist. Sie sehen, die Sprache dieser Apokalypse hat auch die Sprache unserer Liturgie geprägt.

Diese Zukunftsvision will uns auch aufzeigen, dass der Himmel Gottes und die Welt der Menschen nicht zwei getrennte Wirklichkeiten sein werden; sie sind eins geworden, denn Gottes Thron steht mitten in der Stadt. Dazu gehört auch, dass Menschheit und himmlische Scharen vereint sind vor dem Angesicht Gottes zu treuem Dienst vor Gott. Allem, was zur Welt des Menschen gehört, wird eine neue Zukunft erschlossen. Gott ist das einzige Licht der Menschen. Und diese werden nicht geknechtet werden, sie werden vielmehr ihre wahre Würde erhalten und Königen gleich herrschen, ohne einander zu unterdrücken.

Der Text ist faszinierend – und zugleich fremd.
Wie schaff ich mir Zugang?
Bilder – friedliche Bilder, idyllisch.
Nicht schreiend wie Plakate der Werbung.

Eine Stadt, ganz anders als unsere Städte.
Ein Garten, zum Verweilen schön!
Wasser, so klar wie Kristall,
kein verschmutzter Tümpel,
vielmehr: Wasser, das Leben gibt.
Und ein Baum, der Früchte bringt,
nicht nur ein paar – nein viele!
Das ganze Jahr hindurch – ohne Pause.
Und seine Blätter sind heilenden Kräutern gleich,
zur Heilung für alle Völker – keiner ist ausgenommen.

Nichts steht mehr im Weg
zwischen Gott und dieser Welt,
nein, er selber wohnt in dieser Stadt,
mit seinem Sohn,
denn der hat die Verlorenen heimgeholt.
Alle drängen sich um ihn,
alle gehören zu ihm,
alle dienen ihm gern.
Alle tragen seinen Namen,
denn er hat sie angenommen an Kindes statt.

Es gibt keine dunklen Winkel mehr,
keine Finsternis, die Angst macht.
Gott selber hat seiner Stadt sein Angesicht zugewandt,
sein strahlendes Angesicht,
das alles und alle erleuchtet.
Und alle können aufrecht gehen,
keiner wird niedergedrückt,
denn dies ist Gottes Welt.
Ein faszinierendes Bild,
ein Bild, das mich anzieht.

Sich der Liebe Gottes erfreuen

Der Text, den wir uns vornehmen wollen, ist dem Brief
an die Epheser entnommen. Er steht dort gleich zu Beginn, ein Text, der nicht nur so einfach herunter-
zulesen ist. Es ist ein großes Lobgebet an unseren Gott
und Vater. Wir wollen versuchen, diesem Hymnus ein
wenig auf die Spur zu kommen. Er ist mit großem in-
neren Engagement aufs Papier geworfen. Der Schreiber
hat sich in seine Begeisterung hineingeschrieben – im
griechischen Urtext ist das Ganze, die ganzen 10 Verse,
ein einziger Satz!

³ Gepriesen sei der Gott und Vater
unseres Herrn Jesus Christus,
der den Segen über uns sprach
mit allem Geistsegen in den Himmelsregionen
– in eins mit Christus.
⁴ In eins mit ihm hat er uns auserwählt
vor Urbeginn der Welt:
dass wir heilig und makellos seien vor ihm.

⁵ In Liebe hat er uns vorbestimmt
zur Sohnschaft durch Jesus Christus, hin zu ihm
– nach dem Gefallen seines Willens –
⁶ zum Lob der Herrlichkeit seiner Gnade.
Er hat sie uns gnädig geschenkt im geliebten Sohn.
⁷ In ihm haben wir die Erlösung durch sein Blut,
den Nachlass der Sünden –
dank dem Reichtum seiner Gnade,
⁸ die er uns hat überreichlich zuströmen lassen.

In aller Weisheit und Einsicht
⁹ hat er uns kundgegeben
das Geheimnis seines Willens
– nach seinem Gefallen –,
¹⁰ wie er sich in eins mit ihm vorgenommen,
um die Fülle der Zeiten heraufzuführen,
nämlich: in eins mit Christus
allem zusammen Kopf und Sinn zu geben –
denen in den Himmeln und denen auf Erden.

¹¹ In ihm sind auch wir zu Erben geworden,
vorgesehen nach dem Beschluss dessen,
der alles zusammen wirkt
nach dem Plan seines Willens:
¹² damit wir – die wir auf Christus gehofft haben –
zum Lob seiner Herrlichkeit leben.

(Eph 1,3–12)

Wahrlich kein einfacher Text! Wenn Sie beim Blättern im Neuen Testament auf ihn gestoßen wären, hätten Sie wahrscheinlich schnell weitergeblättert. Schauen wir uns kurz den Aufbau an, bevor wir versuchen, uns ein bisschen in den Lobpreis hineinzudenken.

Das Zentrum der Aussage steht in den Versen 8–10 mit der wichtigen Passage: „In aller Weisheit und Einsicht hat er uns kundgegeben das Geheimnis seines Willens ..." Dieser Kundgabe geht die Erinnerung an Gottes Handeln voraus, und zwar indem er uns erwählt (Verse 3 und 4) und uns dazu bestimmt hat, Kinder Gottes zu sein (Vers 5).

Am Schluss steht der Hinweis, dass wir zur Erbschaft bestimmt sind (Vers 11) mit dem Ziel, als hoffende Gemeinde in den Lobpreis Gottes einzustimmen (Vers 12).

Wenn ich den Hymnus als Ganzes überblicke, dann fällt mir auf, dass das Wort „Gnade" bzw. „gnädig" eine entscheidende Rolle spielt. Dazu passen Ausdrücke wie „vorbestimmt" und „auserwählt" – „nach seinem Willen" – „nach seinem Plan" – „nach dem Beschluss". Daraus ist abzulesen, dass die Initiative ganz von Gott ausgeht. Nicht menschliche Leistung ist hier Thema; es steht nicht da, dass Gott seine Zuwendung von bestimmten Voraussetzungen abhängig macht. „In Liebe" hat er uns alles geschenkt.

Das mag reichlich abstrakt klingen. Die Evangelien sagen das Gleiche konkreter, bildhafter. Gleich zu Beginn von Jesu öffentlichem Handeln hören wir dort von der Bußpredigt des Johannes. Er ruft zur Umkehr auf, draußen, weit weg von der Stadt, wo die Menschen wohnen. Er predigt und tauft am Jordan. Und wer ihn hören will, muss zuerst hinausgehen.

Ganz anders Jesus. Von ihm wird erzählt, dass er in die Häuser der Menschen geht (gleichgültig, welchen gesellschaftlichen Ruf sie haben); dass er mit den

Kranken am Straßenrand redet, ihnen die Hände auflegt, um sie heil zu machen. An der Art, wie Jesus die Menschen aufsucht, um ihnen die Frohe Botschaft anzusagen, lässt sich das ablesen, was der Inhalt unseres Lobpreises ist – doch formuliert ist das in theologisch dichter Sprache und Reflexion.

Gott hat sich uns in Liebe zugewandt – nicht erst jetzt; nein schon vor der Grundlegung, vor dem Urbeginn der Welt.

Und warum oder wozu hat er das getan, was wollte er damit erreichen? Die ungeheuerliche Aussage steht in Vers 5: Er wollte uns alle an Sohnes statt adoptieren, das heißt: uns seinem geliebten Sohn gleichstellen.

An dieser Stelle hätte es wenig Sinn, auch von den Töchtern zu reden. Hier geht es um einen Rechtstitel: Wir alle, ob Männer oder Frauen, sollen Gottes geliebtem Sohn gleichgestellt sein. Das kommt auch zum Ausdruck in Vers 11, wo es heißt, dass wir „in ihm", also in Christus, zu Erben geworden sind. Auch das ist ein Rechtstitel. Wir – als von Gott Adoptierte – haben ein Anrecht auf das Erbe. Das heißt, in unsere Sprache übersetzt, ganz einfach: Wir sind dem Sohn gleichgestellt, so ist es in Gottes Plan vorgesehen.

Wenn man das Gesagte recht bedenkt, ist es nicht verwunderlich, dass der Text damit anfängt, Gott zu lobpreisen. Es ist nicht verwunderlich, dass vom Lob der Herrlichkeit seiner Gnade gleich zweimal die Rede ist, in Vers 6 und am Schluss in Vers 12. Dort ist ganz einfach gesagt, dass das Lob von Gottes Herrlichkeit der Lebensinhalt aller ist, die auf Christus ihre Hoffnung setzen.

Wenn ich den Text recht bedenke, bin ich beschämt.
Dieses großartige Panorama von Gottes Heilsplan,
dem Heilsplan für mich ...
Ich nehme nicht wahr, was hier gesagt ist.

Ich weiß zwar davon,
ich habe darüber gelesen, Bücher studiert,
ich kann einiges darüber sagen ...
Aber die Wörter sind mir im Kopf hängen geblieben.
Sie sind nicht bis in meine Seele gedrungen.

In eins mit Christus von Gott auserwählt ...
Seine Gnade, seine Liebe überreich erfahren ...
An Kindes statt angenommen ...

Ich will den Text recht bedenken,
damit seine Worte bis in meine Seele dringen,
damit ich mich der Gnade
und Liebe Gottes freuen kann.

Er soll mein Gott sein

In den Patriarchengeschichten gibt neben Abraham die
Gestalt des Jakob immer neu Impulse zum Nachdenken. Zwei Texte sind es, die zum Stillehalten einladen, auf dass wir Neues entdecken: die Geschichte
von Jakobs Traum und die von Jakobs Kampf in der
Nacht. Den Text von Jakobs Traumgesicht, als er vor
seinem Bruder Esau flieht, wollen wir uns vornehmen,
er steht im Buch Genesis im 28. Kapitel (10–21).

Jakob zog fort von Beerscheba
und wanderte nach Haran.
Er kam an einen bestimmten Ort
und musste nächtigen,
denn die Sonne war untergegangen.
Er nahm einen von den Steinen jenen Orts,
legte ihn unter seinen Kopf und schlief dort ein.

Da hatte er einen Traum:
Er sah eine Leiter auf der Erde stehen,
ihre Spitze reichte bis zum Himmel.
Auf ihr stiegen Gottes Boten auf und nieder.

Und da: Jahwe stand über ihm und sprach:
Ich bin Jahwe, der Gott deines Vaters Abrahams
und der Gott Isaaks.
Das Land, auf dem du liegst,
will ich dir und deinen Nachkommen geben.
Deine Nachkommen werden zahlreich sein
wie der Staub auf der Erde.
Du wirst dich ausbreiten – unaufhaltsam,
nach Westen und Osten, nach Norden und Süden.
Durch dich und deine Nachkommen
werden gesegnet sein alle Geschlechter der Erde.
Ich bin mit dir.
Ich behüte dich, wohin du auch gehst,
und bringe dich zurück in dieses Land.
Ich verlasse dich nicht,
bis ich getan, was ich dir versprochen habe.

Jakob erwachte aus seinem Schlaf und sagte:
Wirklich, Jahwe ist an diesem Ort
und ich wusste es nicht.
Er erschauerte und sprach:
Wie furchterregend ist doch dieser Ort!
Hier ist nichts anderes als Gottes Haus,
hier ist das Tor des Himmels.

Früh am Morgen stand Jakob auf,
nahm den Stein, auf den er seinen Kopf gelegt hatte,
stellte ihn als Gedenkstein auf
und goss Öl darüber.
Er nannte den Ort Beet-El (Haus Gottes) ...

Und Jakob gelobte:
Wenn Gott mit mir ist
und mich behütet auf dem Weg,
den ich nun gehen muss,
wenn er mir Brot zu essen
und ein Kleid zum Anziehen gibt,
wenn ich heil heimkehre in das Haus meines Vaters,
dann soll Jahwe mein Gott sein.

Dies ist eine der Schlüsselgeschichten der Bibel; sie sagt uns, wie es sich verhält mit der Beziehung zwischen Gott und den Menschen.

Jakob war ein Obergauner – ein Betrüger vom Mutterleib an, der Lieblingssohn seiner Mutter. Doch dieser Jakob ist nicht irgendwer – solch einen Menschen stellt uns die Bibel als Stammvater des Volkes Gottes vor.

Sie erinnern sich, wie Jakob seinen Bruder Esau übertölpelt, wie er seinen Vater Isaak betrogen hat. Er meinte, man kann sich den Segen des Vaters – den Segen Gottes – mit List und Tücke erschleichen. Und er hat – wie es scheint – sein Ziel erreicht: Der alte Isaak hat ihn tatsächlich gesegnet.

Er hatte – worauf er aus war – das Erstgeburtsrecht schon seinem Bruder Esau „abgeluchst", also konnte er den doppelten Anteil des väterlichen Erbes erwarten. Jetzt, mit dem Segen, sollte er dazu noch der Erste im Familienclan sein, der Stammvater, der den Segen Gottes der nächsten Generation weitergibt.

Doch: Hatte nicht Gott die Mutter Rebekka wissen lassen, dass der nachgeborene Sohn tatsächlich der Erste sein wird? Kann man also an dieser Geschichte ablesen, dass man mit List und Betrug nachhelfen muss, damit Gottes Sache zum Ziel kommt? Oder bringt Gott seine Sache zum Ziel mit den krummen Touren der Menschen? Die Geschichte regt mich auf!

Und was passiert nach diesem fatalen Segensbetrug? Die Bibel berichtet das sofort. Jakob kann sich nicht mehr sehen lassen bei seinem Bruder Esau. Nur das Alter des Vaters hält Esau davon ab, sich gleich zu rächen. Also muss Jakob fliehen. Er soll bei der Verwandtschaft Rebekkas Zuflucht suchen.

Auf seiner Flucht überfällt ihn die Nacht. Ob der Weg seiner Flucht ihn bis in den Schlaf verfolgt? Ob er an die Wege denkt, die Zickzackwege? Ob er sie weitergehen will?

Und wie er so träumt und träumend seinen Wegen nachgeht – da sieht er plötzlich einen anderen Weg, nicht in seiner bisherigen Richtung. Nein: eine Treppe – eine Leiter, die senkrecht nach oben führt – eine Himmelsleiter. Auf der kann man gehen. Jakob sieht: Auf dieser Leiter steigen Gottes Boten auf und nieder, jene, die sich von Gott führen lassen. Sieht Jakob sich selber hier am untersten Ende der Leiter – ist er bereit, ebenfalls hinaufzusteigen – oder wird er wieder seine bisherige Richtung einschlagen?

Doch Jakob kommt nicht zum Nachdenken; er wird sogleich angesprochen. Jakob sieht oben an der Leiter Jahwe, den Gott, den sein Vater Isaak verehrt – Jahwe, den Gott seines Großvaters Abraham. Und was Jakob jetzt hört, das klingt ihm bekannt: das Versprechen von Land und zahlreichen Nachkommen.

Träumt Jakob? Träumt er, was er sich wünscht? Zeigt sich hier seine bange Frage: Wie das wohl ist mit dem Segen Jahwes? Er hat ihn – aber er hat ihn erschlichen. Wird der Gott der Väter, Jahwe, ihn behüten im fremden Land? Wird er zurückkommen? O wenn doch der Gott der Väter – Jahwe – ihn beschützen würde!

Da erwacht Jakob aus seinem Schlaf, aus seinem Traum – er liegt auf dem harten Boden, den Kopf auf einem Stein. Noch nicht ganz wach, da ist ihm schon klar: An diesem Ort ist Jahwe – und er hatte es nicht bemerkt. Der Kopfpolsterstein soll zum Gedenkstein werden: Hier darf keiner mehr vorbeistolpern!

Aber: Wie ist das mit diesem Gott, der sich ihm im Traum gezeigt hat? Die Väter sagten, man könne sich auf ihn verlassen. Also – sagt Jakob in schnellem Entschluss: Wenn das so ist – wenn dieser Gott mit mir ist auf den unsicheren Wegen, die ich gehen muss – wenn er mich behütet – wenn er mir etwas zu essen und ein Kleid zum Anziehen gibt – und wenn ich heil heimkomme in das Haus, das Land meiner Väter – wenn das alles geschieht – dann, ja dann soll Jahwe auch mein Gott sein.

Ein ungeheuerlicher Text!
Weiß dieser Jakob, was er da sagt?
Will er nur seine Haut retten?
Kann man so mit Gott umgehen?
Ihn herausfordern zu einem solchen Spiel?
Jakob wagt das Experiment,
das Experiment mit dem lebendigen Gott.

Jakobs Weg wird ein weiter Weg sein.
Er reist weiter auf krummen Touren.
Und Gott lässt ihn gewähren.
Dabei löst er seinen Teil des Spiels ein:
Jakob hat alles, was er braucht –
und mehr als das.
Nun ist Jakob an der Reihe.
Wird er sein versprochenes „Dann" einlösen?

Gott Bedingungen stellen –
kann man das überhaupt?
Die Jakob-Geschichte gibt Antwort:
Wenn der Mensch Gott wirklich ernst nimmt,
dann lernt er verstehen,
dass auch Gott ihn ernst nimmt.

Ich lasse dich nicht!

Der folgende Text, der so genannte Jakobskampf, ist sozusagen die „Fortsetzung" der Geschichte mit der Himmelsleiter. Es ist ein Text, der immer neu zum Stolperstein werden kann.

In jener Nacht stand Jakob auf.
Er nahm seine beiden Frauen,
seine beiden Mägde und seine elf Kinder
und überschritt die Furt des Jabbok.
Er nahm sie, brachte sie über den Fluss
und brachte all das Seine hinüber.
Jakob blieb allein zurück.

Da rang ein Mann mit ihm,
bis die Morgenröte aufzog.
Als er sah, dass er ihn nicht bezwingen könne,
schlug er ihm an seine Hüftpfanne,
und Jakobs Hüftpfanne verrenkte sich,
als er mit ihm rang.

Da sprach er:
Lass mich, denn die Morgenröte ist aufgezogen!
Er aber sprach:
Ich lasse dich nicht, es sei denn, du segnest mich.
Da sprach er zu ihm: Was ist dein Name?
Er sprach: Jakob.
Er sprach: Nicht Jakob
werde weiterhin dein Name gerufen, sondern Israel;
denn mit Gott und mit Menschen hast du gestritten
und bist Sieger geblieben.

Da fragte Jakob, er sprach:
Gib mir doch deinen Namen kund.
Er aber sprach:

Warum denn fragst du nach meinem Namen?
Und er segnete ihn dort.

Jakob rief den Namen des Orts: Peniel;
denn ich habe Gott gesehen,
von Angesicht zu Angesicht
und doch ward mein Leben gerettet.
Die Sonne strahlte ihm auf,
als er an Peniel vorüberzog;
er aber hinkte an seiner Hüfte.

(Gen 32,23–32)

Sie kennen die Geschichte von den zwei Brüdern: Esau und Jakob – zwei feindliche Brüder. Rivalen vom Mutterleib an. Ein bevorzugter Muttersohn benützt ein Linsenmus als Mittel zur Macht. Familienfehde trotz versprochenen Glücks. Der Segen Gottes, mit List und Tücke erschlichen, wird zum Handelsobjekt. Rachegelüste Esaus. Flucht und Verbannung für Jakob. Und weiterhin Geschichten von Betrügen und Betrogenwerden. Kinderlosigkeit und Kindersegen. Ein Schachspiel mit Menschen. Ein Streit um den Gott der Väter.
Mit solchen Menschen macht Gott seine Geschichte. Einem solchen sagt Gott seine Treue zu – verspricht, ihn zu behüten auf seiner Flucht, verheißt ihm das Land der Väter und zahlreiche Nachkommen. Gott hält offenbar die Menschen nicht ab von ihren krummen Touren; er hält aber auch seine Zuwendung nicht zurück. Und dieser Jakob soll der Typ des Stammvaters sein, Urbild für das ganze Volk Gottes?
Gott lässt diesen Jakob gewähren bis an die Grenze. Bei der Heimkehr in das versprochene Land entscheidet es sich: Er – dieser Jakob – muss sich entscheiden. In der Finsternis der Nacht lässt Jakob alles los, seinen ganzen mit Raffinesse und Klugheit ergaunerten Besitz, all seine Habe, seine geliebten Frauen – und vor allem

59

seine Söhne. Alles schickt er über den Fluss in das Gebiet seines auf Rache sinnenden Bruders Esau. Er entblößt sich seines ganzen Segens. Er allein bleibt zurück. Da fällt einer ihn an und ringt mit ihm, und Jakob nimmt den Kampf auf. Noch weiß er nicht, mit wem er kämpft. Doch er kämpft auf Leben und Tod bis zum Knochenverrenken. Die Entscheidung heißt: ein Leben weiter nach klugem Kalkül um Besitz und Macht oder ein Leben, das Auseinandersetzung mit Gott und mit Menschen nicht scheut, ein Leben, das nicht auf eigene Rechnung gewagt wird, sondern alles vom Segen Gottes erhofft.

Jakob hat erkannt, er muss um den Segen Gottes kämpfen bis zum Letzten, er kann ihn nicht mehr erschleichen. So wird die Betrugsgeschichte zur Streitgeschichte um den lebendigen Gott, zur Segensgeschichte mit dem lebendigen Gott: „Ich lasse dich nicht, du segnest mich denn!"

In der Bitte um den Segen spricht Jakob aus, dass er jetzt weiß, mit wem – von wessen Armen umfangen – er kämpft. Und doch, der Angreifer bleibt unverfügbar, trotz seiner Nähe. Was fragst du mich nach meinem Namen! Hast du nicht längst erkannt, wer mit dir kämpft? Indem du auf Leben und Tod dich mit mir eingelassen hast, hast du mich kennen gelernt und hast zugleich dich selber erkannt.

Der alte Betrüger-Jakob zählt nicht mehr, als Gottesstreiter – Israel – geht er aus dem Kampf hervor, deshalb wird er gesegnet. Er ist überwältigt ob des ihm Widerfahrenen. Gott ist ihm begegnet, ihn hat er erfahren. „Angesicht Gottes" – Peniel nennt er deshalb den Ort. Die Sonne ist strahlend ihm aufgegangen. Die Nacht ist vorbei.

Und obwohl Gott ihm so nahe war – obwohl keiner Gott sieht und am Leben bleibt – wurde Jakobs Leben hinübergerettet in einen neuen Tag. Aber eine Schlagseite hat er davongetragen. Aus solchem Kampf kommt keiner heraus, wie er hineinging. Der Mensch, der sich auf solchen Kampf einlässt, dem geht zwar die Sonne auf, aber sein Lebtag wird er hinken – zum Gedenken daran.

Und was jetzt? Die Geschichte ist damit noch nicht zu Ende (vgl. Gen 31,1–11). Die Auseinandersetzung mit dem Betrogenen – dem von Jakob betrogenen Bruder steht noch aus. Auch mit Menschen wird Jakob kämpfen und den Sieg davontragen. Doch der bekehrte Betrüger führt diesen Streit mit anderen Waffen als bisher. Der von der Erfahrung mit Gott gezeichnete, durch sein Leben hinkende Jakob kann nicht weitermachen, als sei nichts geschehen: Er unterwirft sich dem Bruder – er, der Zeit seines Lebens den Überlegenen gespielt hat. Siebenmal wirft er sich vor Esau nieder. Seine Herden hat er vor sich hergetrieben, dem Bruder in die Hände – als Geste der Unterwerfung – als Zeichen des Friedens.

Und da geschieht's: Der Betrogene kommt dem um Vergebung bittenden Betrüger als Vergebender entgegen – ja er läuft ihm sogar entgegen und nimmt ihn in seine Arme: Versöhnung.

Und was sieht Jakob? „Dein Angesicht ist mir erschienen, wie das Angesicht eines Gottes." Im Angesicht des vergebenden Bruders erkennt er IHN. Im Bruder, der ihm Vergebung gewährt, scheint ihm das Angesicht seines Gottes auf: „Peniel" – Gottes Angesicht.

Erinnerung an seine Lebensgeschichte, Erinnerung an die stets lauernde Gefahr, ein Betrüger zu sein. Doch was ist das gegenüber dem Gottesglanz, der auf ihn gefallen ist, für den seine Augen jetzt offen sind. Der betrogene Betrüger Jakob ist gerufen, Gottesstreiter, Israel, zu sein.

Was Wunder, wenn Jakob/Israel Stammvater und Typos ist für das ganze Volk Gottes – für uns.

Die Geschichte von diesem Jakob!
Eine verrückte Geschichte!
Er hat versucht,
sein Leben selber in die Hand zu nehmen,
hat geplant –
ohne Rücksicht auf Moral, Rücksicht auf andere;
er hat geplant zu seinem eigenen Vorteil,
und er hat ganz schön Erfolg gehabt.
Er hat auch geplant ohne Gott.

Wenn ich mich in die Geschichte hineinversetze,
dann scheint mir plötzlich,
ich schaue kein Bild an aus vergangenen Zeiten;
mir scheint, es wird mir ein Spiegel vorgehalten.

Es wird mir mit dieser Geschichte auch gesagt,
dass Gottes Pläne andere sind als die von allen,
die es versuchen wie dieser Jakob.

Doch eben dieser Jakob,
er sagt auch einen wichtigen Satz,
den es lohnt, sich zu Herzen zu nehmen:
„Ich lasse dich nicht – es sei denn:
Du segnest mich."

Anstöße

Impulse

Alles hat seine Zeit

Ich besitze eine Eieruhr. Sie wahrscheinlich auch. Weiß Gott, wie lange sie schon herumsteht. Viel gebraucht ist sie in meinem Haushalt nicht: Ich esse nämlich nicht gerne weiche und auch nicht harte Eier. Also fristet meine Eieruhr ein nutzloses Dasein, besser gesagt: sie fristete. Seit einiger Zeit ist das anders geworden. Übrigens, ich glaube, es ist gar keine Eieruhr, sie läuft nämlich eine ganze Stunde lang – also sozusagen ein Chronometer. Doch, was immer sie ist – ich gebrauche sie neuerdings ständig.

Wie denn das? – werden Sie fragen. Doch das ist eine lange Geschichte. Es geht dabei um das Problem mit der Zeit. Ich kann nur noch einmal an den schönen Text von Kohelet im Alten Testament erinnern. Der schreibt ganz gelassen, alles habe seine bestimmte Zeit: schlafen und wachen – säen und ernten – verlieren und suchen – weinen und lachen – niederreißen und bauen ... Und das alles zählt der alttestamentliche Schreiber auf, mit großem Ernst und doch in aller Gelassenheit.

Ich kann nur sagen: Schön wär's mit dieser Gelassenheit! Wie der wohl reagiert hätte, wenn er mit mir durch meinen Tag gehetzt wäre! Fast keine Zeit, um ein Manuskript fertig zu machen – fast keine Zeit, um vor der Abfahrt zu tanken – fast keine Zeit, um schnell eine Tasse Kaffee zu trinken – fast keine Zeit, um am Telefon den nächsten Termin auszumachen – fast keine Zeit, zwischendurch einzukaufen, zu kochen – fast keine Zeit, fast keine Zeit, fast keine Zeit! Nein! Eben keine Zeit! Das ist mein Problem. Wie wäre das erst, wenn ich Familie hätte ...

Auch wenn ich weiß und mir sicher bin, dass all meine Zeit in Gottes Händen ist, so braucht es doch mehr Disziplin, als ich habe, um mich von der Alltagshetze nicht auffressen zu lassen.

Problematisch wird es für mich, wenn ich ein paar freie Stunden vor mir habe; in aller Ruhe kann ich am Schreibtisch sitzen. Dabei aber ständig der Blick auf die Uhr – reicht es noch ein wenig? Das macht nervös. Zu früh aufhören – höchst unrentabel; weniger Zeit zum Arbeiten und schlimm, wenn ich dann irgendwo rumwarten muss. Das nervt – Sklave meiner Zeit. Zeit einteilen, mit seiner Zeit geizen, sie ausnützen, dadurch scheinbar sie in die Länge ziehen und dabei doch nichts gewinnen, nur der Unrast zum Opfer fallen ...

Was tun, um meine Zeit in Ruhe zu nützen? Ich habe mich meiner alten Eieruhr erinnert. Es gibt eine Zeit für dies und eine Zeit für das, so schreibt Kohelet – denkt er! Ich aber muss mich mit meinen Zeitfetzen mit mehrerem gleichzeitig arrangieren. Also verschaffe ich mir die Illusion von Zeit ohne Ende, indem ich in aller Gelassenheit es meiner Eieruhr übertrage, mich an das Ende dieser jetzigen konkreten Zeitspanne zu erinnern. Schellt sie, dann weiß ich: Jetzt ist Schluss!

Reichlich verrückt! Vielleicht haben Sie ein anderes Rezept, um mit Ihrer Zeit geruhsam umzugehen, um sich in der Hetze von dem zu jenem nicht unterkriegen zu lassen. Helfe, was helfen mag! Auch wenn ich sicher bin, dass Gott all meine Zeit in seinen Händen hat, fürs Konkrete brauche ich doch meine Eieruhr.

Verantwortung füreinander

Unter meinen Freunden gibt es einige, die sind weniger als halb so alt wie ich. Und ich komm gut mit ihnen aus. Wir sind wirklich befreundet – ohne Rang- und Altersunterschiede.

Doch auch unter Freunden knirscht es manchmal, und das ist nicht außergewöhnlich. Ist man befreundet, muss man sich auch gegenseitig etwas zumuten, ohne gleich das Tischtuch zu zerschneiden. Ich habe da keine Probleme – im Allgemeinen.

Neulich geriet ich mit einem dieser jungen Freunde hart in die Wolle – und ganz im Gegensatz zu sonst lässt mich diese Auseinandersetzung nicht los. Dazu kommt: Ich fühle mich nach wie vor im Recht mit meiner Position – was heißt „im Recht", ich meine halt, meine Argumente seien die besseren. Und es war nicht möglich, sie zu vermitteln.

Also: Wir saßen ganz gemütlich beim Abendessen. Ich erzählte von meiner letzten Guatemala-Reise und hatte wie immer einen interessierten Zuhörer. Ganz ohne Absicht kam das Gespräch auf die in ähnlichen Ländern noch ganz intakten Großfamilien – Zusammenhalt, Vertrauen zwischen den Generationen. Auch wenn es Divergenzen gibt, enden die nur selten mit dem Abbruch der Beziehungen. Kein Wunder: Die gesellschaftliche Struktur (zumindest auf dem Lande) ist eben die des Familienclans. Und dort, wo dieser Familienverbund bröckelt, da ist zumindest die ältere Generation besorgt, denn die sieht die Folgen in den Elendsvierteln am Rand der Städte.

Es dauerte nicht lange, da begehrte mein junger Freund auf. „Wie entsetzlich!" „Gott sei Dank ist das bei uns nicht mehr so!" „Dauernd der Druck von oben." „Alles muss nach der Pfeife der Alten tanzen." Ich versuchte zu unterbrechen: Solidarität im Familienclan, das heißt nicht nur Befehlen und Gehorchen im Einbahnverkehr. Dort ist die Verantwortung zwischen allen und für alle viel größer, als wir hier es uns vorstellen können. „Nein!" Je mehr ich argumentierte, desto schärfer wurde der Widerspruch.

Nun ging es gar nicht darum, die Verhältnisse von dort auf hier zu übertragen, das Rad der Geschichte zurückzudrehen. Ich wollte nur die Vorteile auch einer solchen Sozialstruktur nahe bringen. Aussichtslos! Mein Freund verhärtete sich immer mehr. Schließlich fragte ich ihn, ob er es denn für günstig erachte, dass bei uns die Singles immer mehr zunähmen, immer größere Individualisierung, mehr Einzelschicksale, denen gar mancher nicht gewachsen ist?

Keine Antwort, nur entschiedenere Verteidigung der Unabhängigkeit, der Selbständigkeit.

Nicht dass Sie jetzt denken, wir hätten uns total zerstritten. Doch das Gespräch lässt mich nicht los. Ist das die gängige Haltung der nachwachsenden Generation? Kann ein Gemeinwesen auf Dauer so bestehen?

Wenn ich jetzt von verrammelten Klassenzimmern höre, wenn ich in Universitäten Seminarräume sehe, in denen ich keinen halben Tag arbeiten möchte, wenn ich an allen Ecken und Enden über Müll stolpere – dann wundere ich mich nicht mehr. Wer ist für wen verantwortlich? Und wer will sich noch etwas sagen lassen?

Was müssen wir tun?

Nicht hinter vorgehaltener Hand!

Seit Großmutters Zeiten hat sich natürlich einiges geändert. Man sagt heute, was einem gefällt oder nicht gefällt, und wenn es sein muss: lauthals. Heißt das: Man muss keinen ermuntern, ein offenes Wort zu reden?

So ganz stimmt das nicht. Wann und wo reden wir offen? Dann, wenn wir uns sicher fühlen, wenn wir erwarten können, dass auch andere unserer Meinung sind (vor allem jene, auf die es ankommt). Und vor allem, wenn jene, die es angeht, vielleicht gar nicht anwesend sind.

Mir fällt das im kirchlichen Umfeld besonders auf. Kommt man da in eine Gemeinde und erlebt, wie dies und jenes ohne Hemmungen kritisiert wird. „Wenn der Bischof kommt, dann kriegt er das zu hören." Und gut schwäbisch wird von „Sauerei" geredet.

Und dann kommt der Bischof. Und man hat Gelegenheit, mit ihm zu reden. Erst mal zurückhaltende Freundlichkeit. Dann endlich fängt einer an, auf „leisen Pfoten": „Ja, Herr Bischof, wir haben da ein Problem" – gut „abwattiert" vorgetragen. Und der Bischof hört zu und versteht es gut – Probleme hat er auch mit vielen Dingen. Woher aber soll er wissen, dass hier alle am Kochen sind, weil das Problem „eine Sauerei ist", wie alle meinen. Und wenn einer das vorsichtig vorgebracht hat, dann sind alle froh, dass sie es nicht haben sagen müssen. Platzt dem aber beim Vorbringen des Problems plötzlich der Kragen und sagt er ganz ungeschützt, wie ihm und allen anderen ums Herz ist, dann sind alle froh: Gott sei Dank, der hat's gesagt.

Und der Bischof: Weil ja nur einer – und zwar ziemlich brutal – mit dem Problemfall gekommen ist und alle andern schweigen, denkt er: Was für ein böser und unzufriedener Mensch!

Und bei diesem Verfahren soll sich etwas ändern auf der Welt – in der Kirche? Was heißt hier „Kirche"? Solches Verhalten findet man auf allen Ebenen, in den verschiedensten Zusammenhängen.

Im Sportverein, wo man nicht gern als Einzelner seine Meinung äußert, lieber mit allen zusammen laut schreit. Und dann dreht man eines Tages dem ganzen

Verein den Rücken, weil sich ja doch nichts geändert hat.

Oder in der Frauengruppe, wo dies und das auf andere Weise angegangen werden könnte. Erst schimpfen hinter vorgehaltener Hand und dann halt wegbleiben!

Ob Verein oder Gruppe – sie bleiben halt, wie sie sind, obwohl vielleicht eine Änderung der Gemeinschaft gut getan hätte, wenn nur einer, wenn nur eine den Mund aufgemacht hätte.

Wenn man anfängt, seine Meinung zu äußern, dann braucht es vielleicht einen längeren Dialog. Doch – was ein Dialog ist, das müssen wir erst noch lernen. Wir können bestens diskutieren und argumentieren und die anderen unter den Tisch reden – oder eben davonlaufen.

Sich auf einen Dialog einlassen heißt: mit einem anderen reden, ihm zuhören und wissen, dass nicht nur ich ihm, sondern auch er mir etwas zu sagen hat. Auf alle Fälle: Sich anschreien und um jeden Preis seine Meinung durchsetzen wollen – oder davonlaufen: Das beides bringt nichts.

Ich wette, Sie sind mit mir einer Meinung. Folglich ...!

Ins Angesicht schauen

Da geht man bummelnd durch die Stadt – hat endlich mal nichts vor – freut sich über das, was man entdeckt – bleibt da und dort vor einem Schaufenster stehen. Soll ich etwas einkaufen, nichts Notwendiges, nur halt so, weil es mir Spaß macht? Man bummelt weiter und ist froh über die zeitlose Zeit.

Und dann wird einem der Weg versperrt, da sitzt nämlich einer. Wenn man ihn anschaut, passt er so gar nicht ins Bummelgefühl. Er ist reichlich verkommen – abgerissen seine Hose – das Hemd seit Urzeiten nicht gewaschen – es würde in Fetzen zerfallen, wollte man versuchen, es sauber zu kriegen. Und der Mann selber? Er hat wohl auch seit ewigen Zeiten nicht mehr viel Wasser gespürt, von Seife zu schweigen. Vor sich hat er einen zerdätschten Hut; in dem liegen ein paar Münzen. Sooft jemand vorbeigeht, hebt der Mann seine Hand, bittend, vielleicht sagt er auch was, kaum verständlich, doch die bittende Geste spricht für sich.

Und da gehen sie vorbei, die Bummler und die Zielstrebigen. Und jene, die noch einkaufen wollen, denn am Abend werden Freunde kommen, da muss der Tisch voll gedeckt sein. Für wen? Nicht für Hungrige. Alles Leute, denen es nicht schlecht bekäme, wenn sie das Abendessen ausfallen ließen.

Der Mann, an die Hauswand gelehnt, hebt weiter die Hand. Nur selten hat er Grund, danke zu sagen; dann kommt ganz leise seine Stimme. Er mag froh sein, und doch klingt sein Dank ein bisschen verschämt. Danke zu sagen für eine Gabe, die ihm kaum für ein Stück Brot reicht – doch das ist sein Los. Weiß Gott, seit wann, und weiß Gott, warum.

„Man sollte diesen Leute nichts geben" – werde ich belehrt, „sie gehen doch nur in die nächste Kneipe und versaufen alles. Eben das ist der Grund, weswegen sie jetzt – wieder – auf der Straße sitzen." Woher weiß mein Begleiter das so genau? Natürlich hat er Grund, solches zu vermuten. Der von ihm genannte Lebensstil ist kein Einzelfall. Doch gilt das für alle? Und wenn es jetzt nicht gilt, wenn der, der da am Boden hockt, von einem schlimmen Schicksal auf die Straße getrieben wurde? „Er soll zum Sozialamt gehen" – höre ich neben mir sagen.

Dazu gibt es eine schöne chassidische Geschichte vom Rabbi, der zu seiner Gemeinde sagte, sie sollten ihn nur herbeirufen, wenn sie in einer neuen Sache eine Entscheidung fällen wollten. Als sie ihn holten und ihm erzählten, dass sie eine Gemeindebüchse aufstellen wollten, um den Armen in der Gemeinde zu helfen, da sagte der Rabbi: „Dafür hättet ihr mich nicht zu holen brauchen. Das ist ein alter Brauch. Er wird überall dort eingeführt, wo man seinen armen Brüdern nicht ins Angesicht schauen will."

Als ich die Geschichte zum ersten Mal hörte, hab ich mir vorgenommen, an keinem vorbeizugehen, der an meinem Weg sitzt, und sei es mir noch so lästig. Und lästig ist es. Volle Taschen, wenig Zeit, vielleicht regnet es. Und dann sitzt da einer ...

Doch woher weiß ich, ob er selber schuld ist an seinem Unglück? „Den notleidenden Brüdern nicht ins Angesicht schauen wollen ..."

Man muss es ausprobieren

Da waren die Kinder Israels also ausgezogen vom fruchtbaren Land der Ägypter; sie waren aufgebrochen, weil ihnen das Sklavendasein missfiel. Wer mag schon für andere Knecht sein! Dieser Mose, der war gerade zur rechten Zeit gekommen, hatte sich mit dem Pharao angelegt, hatte ihm Furcht und Schrecken eingejagt, ihm und seinen Ägyptern. Kein Wunder! Denn was da passiert war – ein Unheil kam nach dem anderen, das konnten nicht mehr nur Zufälligkeiten sein.

Mose, dieser aus der Wüste Zurückgekommene, er hatte die Ägypter das Fürchten gelehrt. War es Mose, der das getan hatte? Der sagte: Der Gott der Väter war es! Er hat sich auf unsere Seite gestellt. Wenn er für uns ist, wer kann dann gegen uns sein!

Und schließlich war es tatsächlich so weit. Und nun zogen sie alle, mit Kind und Kegel, mit all ihrer Habe und ihren Herden in Richtung Wüste. Dort – jenseits von ihr – dort sollte das Land sein, in das Mose sie führen wollte, das Land, das ihnen versprochen war seit Abrahams Zeiten, jenes Land, von dem es hieß, es fließe von Milch und Honig – nicht so wie hier in der trockenen Wüste.

Tagaus, tagein, nichts anderes als trockener Sand. Dann und wann ein paar Wüstengräser. Wasser zu finden, das war ein Problem, und das nicht nur für Weib und Kind, auch für die Schaf- und Ziegenherden. War es gut so, dass man beschlossen hatte, alles im Stich zu lassen? Sicher, man hatte hart arbeiten müssen, aber in Ägypten hatte man zu essen gehabt. Und was Durst ist, das hat man erst hier in der Wüste gelernt ...

Erstaunlich, wie unermüdlich dieser Mose weiterging, den irritierte wohl gar nichts. Ob der sich keine Sorgen machte? Wenn man ihn fragte, dann sprach er nur vom Gott der Väter, der ihn gerufen, der ihn beauftragt habe, das Volk zu leiten, es sicher dorthin zu führen, wo Gott es seit Urzeiten haben wollte. Unheimlich.

Und dann hatte es zwischendurch Angst und Schrecken gegeben. Die Ägypter hatten bereut, dass sie ihre billigen Arbeitskräfte so mir nichts, dir nichts hatten ziehen lassen. So kamen sie mit Streitwagen angebraust, dass der Staub nur so aufwirbelte. Doch, was war das? War das nur so aufgewirbelter Staub, dass man sie überhaupt nicht mehr sah? Man hörte nur das Traben der Pferde. Aber, ein Glück: „Wenn wir die nicht sehen, dann sehen die auch uns nicht!" Woher das bloß kam? Mose hatte – wie immer – schnell eine Erklärung. Gott habe ihn wissen lassen, dass es nicht Staub sei, sondern eine richtige Wolke, die zwischen den Ägyptern und dem ziehenden Volk sich ausbreite. Eine richtige Wolke? Mitten in der Wüste? Gott selber ziehe mit ihnen, sagte Mose, drum sei es auch bei der Nacht so hell. Bei Nacht gehe er ihnen voran, einer Feuersäule gleich, und bei Tag, da weise er ihnen den

Weg, verborgen in einer Wolke. So nachzulesen im Buch Exodus (13,21–22).

Das sollte ja alles recht sein, wenn es ihnen nur zum Schutz diente ...! Und schließlich die Geschichte mit den sie verfolgenden Ägyptern, die war ja noch einmal gut ausgegangen! Wie waren sie selber doch durch das Schilfmeer gekommen? Fast trockenen Fußes, ganz wunderbar. Und dann, als die Ägypter nachsetzen wollten, mit ihrer geballten Wut – da waren sie mit ihrem ganzen Waffengerassel im Sumpf stecken geblieben und viele waren elendiglich umgekommen.

Verrückt, nein es war einfach wunderbar. Und wahrscheinlich hatte der Mose schon Recht, wenn er entschieden auftrat und sagte: So hat Jahwe, unser Gott, uns geholfen und uns aus der Hand der Ägypter befreit.

Aber jetzt, jetzt ist wieder staubiger Alltag. Ob das mit der Wolke stimmt? Ob es stimmt, dass Gott mit uns ist und uns begleitet und uns den Weg weist, obwohl wir überhaupt nicht beurteilen können, ob wir auf dem richtigen Weg sind? Ob er wirklich mit uns ist? Wenn man das doch sicher wüsste! Mose sagt, er vertraue darauf. Und wenn man vertraue, dann wachse die Sicherheit, dann schwinde die Furcht und man wisse sich geborgen in Gottes Schutz. Geborgen im Schutz einer Wolke? Eigentlich ist es ein starkes Stück, wenn man nichts anderes hat, als sich darauf zu verlassen, dass es stimmt, was einem da zugesagt ist.

Und wenn es nicht stimmt? Dann ist eh alles egal! Aber vielleicht stimmt's halt doch? Man kann es nur ausprobieren ...

Die Moral von der Geschicht'

Als Kinder haben Sie sich nicht daran gestoßen, wenn in Märchen und Geschichten Tiere zu reden anfingen. Doch ach so vernünftig geworden, finden wir das reichlich naiv, eben „kindisch".

Doch Geschichten, in denen Tiere sprechen – das ist eine klassische literarische Form. In den sogenannten Fabeln wird uns der Spiegel vorgehalten, und es wird uns gezeigt, wer die Klügeren sind.

In der Geschichte von Maurice Sendak, die ich Ihnen gleich erzählen will, spricht nicht nur ein Hund namens Jennie, sondern auch eine Topfpflanze. Na ja – nun lesen Sie halt, was da erzählt wird:

Einst hatte Jennie alles. Sie schlief auf einem runden Kissen im oberen und auf einem viereckigen Kissen im unteren Stockwerk. Sie hatte einen eigenen Kamm, eine Bürste, zwei verschiedene Pillenfläschchen, Augentropfen, Ohrentropfen, ein Thermometer und einen roten Wollpullover für kaltes Wetter. Sie hatte zwei Fenster zum Hinausschauen und zwei Schüsseln für ihr Futter. Und sie hatte einen Herrn, der sie liebte. Doch das kümmerte Jennie wenig. Um Mitternacht packte sie alles, was sie besaß, in eine schwarze Ledertasche mit einer goldenen Schnalle und blickte zum letzten Mal zu ihrem Lieblingsfenster hinaus.

„Du hast alles", sagte die Topfpflanze, die zum selben Fenster hinaussah. Jennie knabberte an einem Blatt. „Du hast zwei Fenster", sagte die Pflanze, „ich habe nur eines."

Jennie seufzte und biss ein weiteres Blatt ab. Die Pflanze fuhr fort: „Zwei Kissen, zwei Schüsseln, einen roten Wollpullover, Augentropfen, Ohrentropfen, zwei verschiedene Fläschchen mit Pillen und ein Thermometer. Vor allem aber liebt er dich."

„Das ist wahr", sagte Jennie und kaute noch mehr Blätter.

„Du hast alles", wiederholte die Pflanze. Jennie nickte nur, die Schnauze voller Blätter.

„Warum gehst du dann fort?" „Weil ich unzufrieden bin", sagte Jennie und biss den Stängel mit der Blüte ab. „Ich wünsche mir etwas, was ich nicht habe. Es muss im Leben mehr als alles geben!"

Die Pflanze sagte nichts mehr. Es war ihr kein Blatt geblieben, mit dem sie etwas hätte sagen können.

So weit diese Geschichte. – „Es muss im Leben mehr als alles geben": mehr als den erwünschten Job – mehr als gute Bezahlung – mehr als ein Sparbuch, das Sorgen bannt – mehr als den Geschwindigkeitsrausch auf einer leeren Autobahn – mehr als eine tolle Ferienreise – mehr als eine schöne Wohnung – sogar mehr als liebe Menschen (hier allerdings stocke ich mit meiner Umschreibung).

Zu allen Zeiten waren Menschen auf der Suche nach diesem Mehr, nach dem Geheimnis des Lebens. Unsere Jennie hat etwas Richtiges kapiert: „Es muss im Leben mehr als alles geben." Und um danach zu suchen, wollte sie ausziehen. Doch sie kannte keine Rücksicht auf den andern – und das ist die fatale Seite dieser Geschichte. Scheinbar ganz nebenbei frisst sie der Topfpflanze die letzten Blätter ab – unersättlich, im wörtlichen Sinn. Und wahrscheinlich hat Jennie es nicht einmal mit Bewusstsein getan – oder gar mit böser Absicht. Sie sucht sich das Glück schlechthin und macht sich auf, dem auf die Spur zu kommen. Und – nebenbei – frisst sie den anderen auf.

Seinem Vorteil, seinem Glück, einem gelingenden Leben nachrennen, auch wenn andere dabei vor die Hunde gehen (für die Topfpflanze im wörtlichen Sinn!). Erwarten Sie nicht – und befürchten Sie auch nicht (!) –, dass ich jetzt „die Moral von der Geschichte" anfüge.

Überraschungen

Das war ein „Goldschatz"

Nichts geht mir mehr auf die Nerven, als überraschend rumwarten zu müssen, ohne etwas Vernünftiges tun zu können. Deshalb habe ich meist, wenn solches zu befürchten ist, einen Krimi in der Tasche. Klein im Format und nicht schwer, keine anstrengende Lektüre, zu der ich besondere Aufmerksamkeit brauche – ideal.

Neulich hatte ich guten Freunden versprochen, sie am Flughafen abzuholen. Sie kamen am Abend und hatten dann noch ein zwar nahes, aber doch nicht so nahes Ziel.

Also fuhr ich los. Nur nicht zu spät kommen! Wer weiß, wie die Straßenverhältnisse sind ... Doch die Straßen waren so leer wie selten, und ich fuhr offenbar munterer drauf los als sonst. Kurz und gut: Ich war am Flughafen so schnell wie nie, und einen Parkplatz fand ich auch.

Viele Herumstehende, Herumwartende, das sah ich sofort. Einige Flugzeuge hatten Verspätung angesagt. Nun sind Flughafenhallen nicht gerade gemütliche Orte. Was für ein Glück: Ich hatte ja meinen Krimi! Also lehnte ich mich an eine Glaswand und schlug auf. Doch die Beleuchtung war gerade recht zum Herumstehen. Also Platzwechsel – mehrere Male. Wie war das eigentlich mit den Bänken? Die gab es auch, aber nicht so viele, und die waren alle belegt – versteht sich. Und an der Kaffee-Bar? Der gleiche Befund: alle Barhocker besetzt. Mehrfacher Stehplatzwechsel.

Mit meiner Leserei war es nicht weit her und mit meiner Laune auch nicht. Und dann sah ich obendrein, dass auch für mein Flugzeug Verspätung angezeigt wurde. Laune noch weiter gegen Null.

Endlich, nach geraumer Zeit, stand einer auf und verließ seinen Platz am Rand einer Bank. Gott sei Dank! Es war zwar nicht der beste Platz, klein und schmal und reichlich duster ebenfalls, aber wenigstens konnte ich sitzen. Die Zeiger der Uhren schlichen. Und der Krimi war auch nicht der beste; doch ich versuchte dennoch ein wenig zu buchstabieren.

Endlich bekam ich einen besseren Platz zum Sitzen. Mitten im vollen Licht. Es war kaum zu fassen! Und wie ich da so saß und endlich lesen konnte, was lesen heißt, da stellte ich fest: Der Krimi war doch nicht so schlecht. Ich saß und las. Die Zeit, bis das Flugzeug landete, verflog im Nu. Fast hätte ich bedauert, mitten in einer aufregenden Szene unterbrechen zu müssen.

Und wie war das möglich geworden, dieser großartige Platzwechsel? Bei dieser Menschenmasse, die herumstand und sich gelangweilt die Zeit zu vertreiben versuchte?

An meinem alten Platz war ich plötzlich hochgeschreckt, ich war leicht an der Schulter angetippt worden. Ein junger Mann stand vor mir und sprach mich an. Er habe mich schon eine Weile beobachtet. Es könne doch gar nicht sein, dass ich bei dieser miesen Beleuchtung vernünftig lesen könne. Er biete mir an, seinen Platz zu tauschen. Er brauche nicht so viel Licht.

Und gesagt – getan. Und ich saß im vollen Licht, mitten unter einer großen Flughafenlampe. „Sie sind ein Goldschatz", konnte ich nur noch sagen. Doch der junge Mann winkte ab.

Die Leute zur Linken und zur Rechten schauten erstaunt und etwas irritiert auf. Na klar! Sie gehörten ja nicht zur Kategorie der „Goldschätze".

Interessante Sprachspiele

Blättern Sie jetzt nicht gleich weiter; ich hätte gern, dass Sie den Beitrag lesen. Ich möchte etwas Verständnis wecken für eine Aussage, die man von Frauengruppen her immer wieder hören kann.

Vielleicht ist Ihnen aufgefallen, dass manchen Frauengruppen der Heilige Geist sehr wichtig geworden ist. Sie haben nämlich etwas entdeckt, was Bibliker längst wussten – nur die haben keinen Schluss daraus gezogen und ihre Weisheit für sich bewahrt. Die Frauen haben entdeckt, dass im Hebräischen, also in der Sprache des Alten Testaments, in der Sprache Jesu, „Geist" nicht männlichen Geschlechts ist, sondern weiblichen. Und da sitzen wir in der Tinte mit unserer Sprache. Man kann mitunter von der „Geistin" reden hören, doch das klingt reichlich komisch. Manche Frauengruppen sind deswegen dazu übergegangen, das hebräische Wort ganz einfach zu übernehmen und zu beten: „Die *ruah* Gottes möge uns stärken": Ruah – das ist das entsprechende alttestamentliche Wort.

Allen, denen das alles merkwürdig erscheint, möchte ich einen Ausflug an den Chiemsee empfehlen. In der kleinen Kirche von Urschalling findet man im Zwickel zwischen zwei Bögen ein ungewöhnliches Bild. Wenn Sie dorthin kommen, verschlägt es Ihnen vielleicht den Atem. Doch angesichts des Geheimnisses Gottes wäre das gar keine schlechte Reaktion!

Es handelt sich um ein Dreifaltigkeitsbild. Sie finden jedoch zwischen Vater und Sohn keineswegs eine Taube, wie es in der christlichen Kunst üblich geworden ist, den Heiligen Geist darzustellen. In der Mitte steht vielmehr eine richtige Figur und zwar in Gestalt einer Frau. Gottes Geist in der Gestalt einer freundlichen, von Vater und Sohn getragenen Frau. Ein Bild, an das man sich erst gewöhnen muss. An was wohl wollte der Maler uns erinnern?

Die Liebe und die Güte, die Zuwendung Gottes; die Glut, die uns im finsteren Tal leuchtet und in der kalten Nacht des Lebens wärmt und schützend umgibt, die Stimme, die uns ruft, die uns mit ihrer Weisheit begleitet, die uns die Richtung weist – das ist Gottes Heiliger Geist.

Sie haben bemerkt: All diese Eigenschaften sind bezeichnet mit Wörtern weiblichen Geschlechts. Und wenn das alles zu milde und sanft klingt, dann kann nachgeholfen werden: Auch die Stärke, die der Geist gibt, ist ein Femininum.

Wir stoßen mit unserer Sprache zwar an die Grenze des Sagbaren; doch der Maler, der vor 600 Jahren das Bild gemalt hat, er kommt uns zu Hilfe. Er sagt uns auf seine Weise: Stellt euch die Liebe und die Güte und die Weisheit Gottes nicht einseitig nach Männerweise vor. Zeichnet ein Bild vom großen Gott auch mit weiblichen Zügen.

Dieser Züge des Geistes Gottes wollen sich jene Frauen vergewissern, die lieber von der ruah Gottes reden als immer nur von dem Heiligen Geist, wo doch die Bibel so weiblich von ihm redet.

Vielleicht könnte das Bild von Urschalling ein Anstoß sein, wenigstens Verständnis aufzubringen für jene Frauen, die sich um eine andere Sprache und ein anderes Bild von Gottes Geist und seinem Wirken bemühen. Übrigens: Toleranz ist auch ein Wort weiblichen Geschlechts!

Die Frau, die ihren Stolz zurückhält

Die Geschichte, die man bei Markus im 7. Kapitel (24–30) nachlesen kann, ist hart. Da kommt eine Frau voll Vertrauen zu Jesus, um für ihr krankes Kind zu bitten, und sie bekommt eine totale Abfuhr. Er sei zu den „Kindern" gesandt – also zu Israel – und nicht zu den „Hündlein". Auch die Verkleinerungsform macht den Text kaum erträglicher. Kann man so von Menschen reden? Will Jesus anderen Völkern das Heil vorenthalten?

Schauen wir die Situation in unserer Geschichte an! Jesus ist in das Gebiet von Tyrus ausgewichen; dort will er inkognito bleiben. Doch es geht ihm wie anderen berühmten Leuten: Seine Anwesenheit spricht sich herum. Jesu Ruf ist auch über die Grenze gedrungen. Das Gebiet von Tyrus (und Sidon) war heidnisch besiedelt und galt als judenfeindlich. Dennoch hat Jesus diese nicht israelische Gegend aufgesucht, ohne Angst vor der Verunreinigung, wenn er dort ein Haus betrat. Das war ein Problem, das die erste christliche Gemeinde sehr beschäftigt hat. Wie sollte man sich in solcher Situation verhalten?

Im ganzen 7. Kapitel bei Markus schimmert die Auseinandersetzung zwischen den Judenchristen und deren Gewohnheiten durch. Wenn der Buchstabe des alten Gesetzes weiterhin gilt, wie soll der Blick frei werden für jene, die aus den Völkern kommen und sich zum Evangelium bekehren? Auch darauf gibt die Geschichte eine Antwort!

Wie nun verhält sich Jesus? Angesichts seiner sonstigen Offenheit ist seine Zurückweisung befremdend. Bleibt er der Heilsvorstellung in Israel treu und lehnt er es ab, anderen Völkern die Frohe Botschaft zu künden?

Und wie verhält sich die Frau? Sie hat keine Probleme, sich an den jüdischen Rabbi zu wenden. Sie weiß offensichtlich, wen sie vor sich hat – also bittet sie um Hilfe. Die Sorge um ihr krankes Kind lässt sie den Abstand überwinden, der gekennzeichnet wird durch die genaue Angabe der Herkunft der Frau.

Doch trotz ihrer bedingungslosen Hinwendung scheint die Syrophönizierin kein Glück zu haben. Er sei „zuerst" – so sagt Jesus in unserem Text – zu den Kindern Israels gesandt. „Kinder" haben den Vorrang vor den „Hündlein"; die sollen sich nicht auf Kosten der Kinder sättigen.

Man möchte auf dem Absatz kehrt machen! Wird so das Vertrauen der Frau belohnt? Doch die lässt sich nicht abweisen. Hier ist ein Mehrfaches interessant: Mag auch der Stolz der Frau getroffen sein; sie begehrt nicht auf. Ihr Vertrauen ist größer als ihr Stolz. Und außerdem: Sie ordnet ihren Stolz dem Willen zur Hilfe unter. Ihr krankes Kind ist ihr wichtig, wichtiger als ihr verletzter Stolz.

Dennoch, die Syrophönizierin ist nicht blind unterwürfig (auch wenn sie sich Jesus zu Füßen wirft und ihn mit „Herr" anredet), sie ist vielmehr auf eine umwerfende Weise schlagfertig. Sie nützt das abweisende Wort Jesu zu ihren Gunsten aus: „Auch die Hündlein unterm Tisch essen von den Bröseln der Kinder." Und „um dieses Wortes willen" erfüllt Jesus ihre Bitte. Er hatte ja auch gleich zu Beginn des Dialogs seine Abweisung eingeschränkt durch das kleine Wort „zuerst" (man kann biblische Texte nie genau genug lesen!).

Uneingeschränktes Vertrauen, ohne Rücksicht auf sich selber, gepaart mit menschlicher Klugheit, Situationstüchtigkeit und dem Willen, anderen zu helfen – das wird offenbar von Jesus akzeptiert.

Oder anders gesagt: Der Glaube dieser Frau erweist sich als stark genug, um Jesus zum Handeln zu bringen; Gott handelt also, wenn der Glaube der Menschen unumstößlich ist. Gibt uns vielleicht die Syrophönizierin Antwort, warum Gott uns sein Handeln verborgen hält?

Ganze sieben Verse des Evangeliums – und so viel ist hineingepackt.

Leere Worte nützen nichts

Ich will Ihnen von einer Erfahrung aus katholischen Gottesdiensten erzählen. Vor der Kommunion, wenn der Gemeinde der Friede des Herrn zugesprochen wird, werden alle aufgefordert, diesen Friedensgruß weiterzugeben.

Nun sind wir Nordeuropäer – und wir Deutschen in Sonderheit – reichlich zurückhaltend. So einfach jemandem zur Linken und zur Rechten, neben den man per Zufall zu sitzen gekommen ist, plötzlich die Hand geben und ihm den Frieden wünschen? Oft fällt das reichlich steif aus, und manche Leute lieben den Brauch bis heute nicht.

Ganz anders in anderen Ländern dieser Welt. Ich habe Gottesdienste in Guatemala miterlebt. Welch anderes Bild! Es gibt ja auch keine so steife Sitzordnung in Bankreihen; das mag ebenfalls zu einer lockereren Atmosphäre beitragen. – Doch, es gibt auch dort Überraschungen.

Einmal, als der Bischof – er hielt die Messe – zu Beginn beim Schuldbekenntnis sehr konkret wurde und jeden und jede aufforderte, sich zu überlegen, mit wem sie einen Streit nicht zu Ende gebracht hätten, wen sie beleidigt, angelogen oder gar betrogen hätten – da war selbst die guatemaltekische Gemeinde reichlich irritiert.

Als er dann zur Ansage des Friedensgrußes kam, da hielt der Bischof inne und sagte: Es könne ja sein, dass die eine oder andere Spannung, das eine oder andere Unrecht, die eine oder andere Lüge jetzt sofort bereinigt werden könnte. – *(Pause)* – Sie sollten sich gut überlegen, ob sie nicht bereit seien, das wieder gutzumachen. Vielleicht gleich jetzt in der Messe – dann sollten sie das tun. Wer aber dazu nicht bereit sei, obwohl er jetzt die Chance dazu habe, der solle sich gut

überlegen, ob er den Friedensgruß annehmen oder weitergeben könne.

Das war auch für meine Guatemalteken nicht alltäglich. Doch – was geschah? Nach einigem Zögern –
diese Völker haben viel mehr Geduld als wir – gab es
ein eifriges Hin- und Hergehen in der Kirche. Es dauerte viel länger als alle sonstigen Erfahrungen mit dem
Friedensgruß. Versöhnung – Friedenswunsch: Der Friede des Herrn sei mit dir. – Leider kaum denkbar bei
uns!

Doch es gibt auch bei uns Überraschungen; neulich in
einem Jugendgottesdienst mit viel kreativen Texten
und zugegebenermaßen etwas lautstarker Musik. Und
was gab es da, als der Friedensgruß an der Reihe gewesen wäre? Der Pfarrer hielt inne und sagte, er habe von
der vorbereitenden Gruppe den Auftrag bekommen,
der Gemeinde zu sagen: Der Friedensgruß falle heute
aus. Nicht weil sie ihn nicht für wichtig hielten, im
Gegenteil!

Sie wollten uns alle aufmerksam machen, dass mit einem einfachen Händeschütteln und einem gemurmel-
ten Spruch das nicht getan sei, was der Friedenswunsch Jesu eigentlich wollte. Deshalb fordere uns die
Jugendgruppe auf, jeder und jede solle sich überlegen,
was wir als Vorsatz zu einer Tat des Friedens aus diesem Gottesdienst mitnehmen wollten. – Es war sehr
still nach diesen Worten.

Als ich am nächsten Tag bei einer Bekannten vorbei-
kam, saß sie und schrieb gerade einen langen Brief.
Das sei ihr Friedensvorsatz, den sie in die Tat um-
setzte, nämlich ihrer alten Tante endlich wieder einmal zu schreiben. Und ganz verschämt schob sie
schnell einen Scheck in den Umschlag, damit nicht offen zu Tage trat, was sie sich außerdem im Gottesdienst vorgenommen hatte.

Übrigens: Dieser Teil unseres Buches heißt „Anstöße"!

Kaum zu glauben!

Vier Frauen fuhren von einer Beerdigung nach Hause. Nach einem seiner Eigenart nach nicht von Freude geprägten Nachmittag legten sie großen Wert darauf, bald zu Hause zu sein. Oh, nur noch 20 Kilometer! – Da aber stellte die Fahrerin plötzlich fest: Was war das für ein Geräusch? Ganz leise zwar, doch bislang hatte es das nicht gegeben: plapp – plapp – plapp. Der Motor ist's nicht, diagnostizierte die Fahrerin – oder doch? Es war kaum zu hören, aber wenn man darauf achtete, klang es wie ein lautes Katastrophensignal!

Ob das bis nach Hause gut geht? Es war inzwischen dunkel geworden. Wo jetzt eine Werkstatt finden? Da – welch ein Glück: War da nicht eine? Aber die hatte geschlossen.

Der Fahrerin wurde es langsam heiß. Kurz vor dem Verzweifeln: Da – eine Tankstelle, mit kleiner Werkstatt. Doch die waren gerade dabei zu schließen. Hilf Himmel!

Doch siehe da! Ein junger Arbeiter kam und fragte, was los sei. Er hatte seinen blauen Anton schon an den Nagel gehängt. Bei so freundlicher Frage fingen alle vier Frauen an, das Plapp – Plapp – Plapp durcheinander zu schreien. Also zog der junge Mann seine Arbeitskluft wieder an.

Er klopfte hier und prüfte dort. Er machte die Motorhaube auf, schaute hier und schaute dort – nichts zu finden! Der Wagen kam auf die Hebebühne – auch da war nichts festzustellen.

Das war dem Fachmann unerklärlich. Jetzt wollte er selber nachprüfen, wie sich das Geräusch in seinen fachmännischen Ohren anhörte. Er setzte sich ans Steuer und fuhr einmal ums Viereck. Und siehe da – er kam zum gleichen Ergebnis: Es hatte plapp – plapp – plapp gemacht.

Jetzt könnte es nur noch an einem Reifen liegen. Und als er die dann prüfte, was ergab sich? In einem saß eine Schraube – fest eingefahren. Das war's – das Plapp – Plapp – Plapp!

Kein Problem! Im Moment nur ein Schönheitsfehler. Mit dem könnten sie gut nach Hause kommen. Gott sei Dank! Und dann war halt ein neuer Reifen fällig.

Die Stimmung der vier Frauen war schlagartig gerettet. Welch ein Glück, bald zu Hause! Die Fahrerin fragte – wie nicht anders gewohnt – nach der Rechnung. „Ach, lassen Sie", war die Antwort. „Das kostet nichts." Wie bitte? Das konnte doch nicht wahr sein! Doch der junge Mann bestand auf seiner Antwort.

Die Fahrerin versuchte, ihm einen Geldschein in die Brusttasche zu schieben – aussichtslos! Der Arbeiter ging und wechselte seinen Anzug wieder. Was tun? Ratlosigkeit. Doch, richtig – dort stand ja das Auto des Hilfsbereiten. Also: Türe auf und den Geldschein auf den Vordersitz gelegt.

Kaum getan, kommt der junge Mann zurück – entdeckt, was inzwischen geschehen war, und geht zum Auto der Frauen, und er schiebt den Geldschein wieder zum Fenster hinein. „Man wird ja wohl noch was umsonst tun dürfen!"

Und mit einem freundlichen: „Fahren Sie gut, und kommen Sie gut nach Hause!" war er schon weg.

Das gibt's also auch noch.

Eine Hexe mit Herz

Ich habe in den letzten Tagen eine alte Bekannte wieder entdeckt, nicht auf der Straße, sondern in der Bibel. Erschrecken Sie nicht und lachen Sie nicht: Sie wird Hexe genannt, die „Hexe von En-Dor", und sie soll eine Totenbeschwörerin sein – was immer das sagen will. Eine Frau mit besonderen Gaben. Sie lebt zur Zeit König Sauls, jenes glücklosen ersten Königs von Israel. Sein Schicksal ist schon besiegelt. Gott hat ihm seine Führungsschwäche nicht verziehen. Die Feinde sind im Anmarsch. Der König hat keinen, bei dem er Rat holen kann. Da beschließt er, zur Wahrsagerin zu gehen. Saul hatte zwar alle Wahrsager, vor allem die Totenbeschwörer, im ganzen Land verfolgen lassen. Gab es überhaupt noch jemand mit solchen Fähigkeiten? Wenn er doch wüsste, was der inzwischen verstorbene Samuel ihm raten würde!

Da berichten seine Diener dem König, in En-Dor halte sich eine Frau verborgen mit Macht über die Totengeister. Der König beschließt, zu ihr zu gehen. Verkleidet stellt er sich bei ihr ein, dass sie ihm wahrsage. Und die verängstigte Frau aus En-Dor, sie bringt ihm den Geist Samuels herbei. Und was sagt dieser dem von seinen Feinden bedrohten König? Er sagt ihm und seinen Söhnen Niederlage und Tod voraus. Da stürzt Saul zu Boden, entsetzt und ganz entkräftet.

Die Frau hat ihren Auftrag erfüllt – der König weiß, was ihm bevorsteht – und was geschieht dann?

Von da an erst wird die Geschichte mir wichtig – nicht mehr exotisch und fremd. Jetzt bekommt diese Frau Profil. Sie hat längst erkannt, wen sie vor sich hat. Was wird sie jetzt tun? Sie nimmt wahr, wie entkräftet der König ist. Und sie erkennt, was jetzt Not tut. Sie überredet ihn, etwas zu essen. Sie backt Brot, sie schlachtet ein Mastkalb. Obwohl sie eine Begabung hat, mit der zu leben gewiss nicht leicht ist, geht sie jetzt sehr fürsorglich vor. Sie kann zwar das Vorhergesagte nicht ändern, doch sie überredet den verzweifelten Saul mit nüchterner Umsicht zum Essen. Sie gibt ihn nicht jetzt schon als aussichtslosen Fall dem Verderben preis. Sie redet ihm zu: „Damit du bei Kräften bist, wenn du deinen Weg gehst." Sie weiß, was für ein Weg das sein wird. Doch die Frau übergibt ihn nicht vorschnell dem Tod.

Auch wenn sie der machtlose Zeuge ist, der dem König die Augen geöffnet hat, so steht sie ihm dennoch bei, damit er gestärkt seinen letzten Weg gehen kann.

Der mütterliche Realismus dieser unheimlichen Frau fasziniert mich. Das sichere Ende vor Augen, lässt sie den Betroffenen nicht allein.

Diese Geschichte finden Sie im ersten Samuelbuch (28,3–25). Auch wenn uns 3000 Jahre von den geschilderten Zeitumständen trennen, so ist der Abstand kein Grund, sich die Ohren zu verstopfen.

Es lohnt sich, biblische Figuren in Ruhe anzuschauen; sie geben das, was sie zu sagen haben, nicht im Vorübergehen preis.

Hier, die Hexe von En-Dor, sie fragt mich, ob ich bereit bin, das rechte Wort zu sagen, auch wenn es hart ist. Sie fragt mich, ob ich bereit bin, zuzupacken und zu tun, was notwendig ist: einem Ohnmächtigen aufhelfen – einen Resignierten trösten – einem Todgeweihten beistehen ...

Unterscheiden lernen!

Der Morgen eines neuen Jahres! Mit wie vielen Hoffnungen und Wünschen ist er beladen! Sicher haben Sie an solchen Tagen viele Wünsche ausgetauscht. Was haben Sie Ihren Freunden jeweils gewünscht?

Unter allen Wünschen, die mich zu Beginn des letzten Jahres erreichten, lässt mich einer nicht los. Ein erträgliches Jahr wurde mir da gewünscht, in dem ich zu unterscheiden lerne, was wichtig und was weniger wichtig ist.

Was ist mir wichtig? Als Theologin, die ich bin, hat die Vision meiner Träume vielleicht andere Akzente als die Wunschlatte von manchen anderen Zeitgenossen. Einzelheiten will ich nicht aufzählen. Doch ich möchte Sie an der Überlegung teilhaben lassen, ob ich unterscheiden kann zwischen dem, was wichtig, und dem, was weniger wichtig ist.

Eine chassidische Geschichte kam mir dabei zu Hilfe; diese chassidischen Geschichten, vielleicht vergleichbar mit einer Sammlung von Heiligenlegenden. Ich stieß da auf die Geschichte von einem Rabbi, der mit seinen Schülern auf einer Seefahrt war zum Heiligen Land. Da kam Sturm auf und brachte das Schiff fast zum Sinken. Vor der Morgenröte hieß der Rabbi seine Leute aufs Deck treten und beim ersten Lichtschein das Schofarhorn blasen. Und siehe da, der Sturm legte sich. „Meint nicht", so heißt es wörtlich, „es sei des Rabbi Absicht gewesen, das Schiff zu retten! Vielmehr war er gewiss, es werde untergehen. Doch er wollte mit den Seinen vor ihrem Tode noch ein heiliges Gebot erfüllen, nämlich das Schofar zu blasen. Wäre er auf eine wunderbare Rettung aus gewesen – sie wäre nicht geglückt." – So weit die Geschichte.

Also: kein Bittgebet, um Gottes Willen zu ändern, wie man bei einem Frommen vielleicht erwartet. Doch der Rabbi weiß offensichtlich mit seinem Gott umzugehen.

Ich wünschte mir etwas von der Haltung des alten Rabbi. Sturm haben wir genügend. Schiffbruch erleide ich oft. Doch als dem Rabbi das Wasser am Hals steht, da hat er nicht um Kopf und Kragen gebetet, sondern er hat getan, was Sache Gottes ist: Er nahm das Schofarhorn, das die Wächter auf der Zinne des Tempels blasen, wenn der Feind kommt – das Schofarblasen, das den Schlachtreihen Israels den Sieg ansagt – das den kommenden König begrüßt – das Schofar, das nach alter jüdischer Überlieferung geblasen wird, wenn Gott kommt, um Gericht zu halten und der Welt

Recht zu verschaffen. Und dieses Schofar lässt der Rabbi blasen.

Und dann die seltsame Wendung! Indem er sich selber vergisst und nur noch daran denkt, Gottes heiliges Gebot zu erfüllen, da wird auch er gerettet. Nicht eine wunderbare Rettung ist sein Wunsch, sein Traum, sondern Gottes Gebot. Am grenzenlosen Vertrauen auf seinen Gott werden seine Wünsche zu Gottes Wünschen.

Wie viel trennt mich vom Glauben des jüdischen Rabbi, so muss ich feststellen. Doch kein Wunder, dass er gerettet wird – er ist ja auf dem Weg ins Heilige Land!

Vielleicht muss ich den Kurs ändern, bevor ich weiß, was die rechten Wünsche sind, bevor ich anfangen kann zu wünschen, dass meine Wünsche Wirklichkeit werden.

Unterscheiden lernen, was wichtig und was weniger wichtig ist ...

Jemand, der Anteil nimmt

Einkauf im Supermarkt – eine alltägliche Erfahrung. Man schiebt seinen Wagen vor sich her – begleitet vom immer gleichen Musikgeräusch – alles liegt zum Herausnehmen parat, man braucht keinen zu fragen. Hilfreiche Ratgeber sind ohnehin selten – vielleicht will man sie gar nicht. Jemanden ansprechen? Das kommt kaum vor. Warum eigentlich hat man sich dem unpersönlichen Stil so angepasst? Stößt man dann und wann auf Bekannte, tauscht man zwei Sätze aus. Zeit zum Schwatzen nimmt man sich kaum. Man wäre ja nur ein Hindernis. Konzentrierte Anonymität. Man hat sie sich so zu eigen gemacht, dass man sich ganz „nach Art des Hauses" verhält.

An der Kasse räumt man sein Zeug auf das Band. Das

Zählwerk rasselt, oder es läuft ganz leise der Computer, alles automatisch abgelesen. Und dann plötzlich – mitten im unpersönlichen Geräusch – eine Anrede: Der Kaufpreis wird genannt. Sachlich, ohne ein zusätzliches Wort. Man zahlt, packt sein Zeug hinein in den Wagen, in die Tasche, rafft sein Wechselgeld samt Kassenzettel und sorgt, dass man nicht weiter im Weg steht. Und aus ist die Unternehmung! Raus aus dem Laden! Gespenstisch!

Neulich aber machte ich eine – in diesem Milieu – unwahrscheinliche Beobachtung, oder besser: Erfahrung.

Die Schlange an der Kasse war ausnahmsweise nicht lang. Zwei vor mir – keiner, der hinter mir wartete – also: nicht die übliche Hatz. An der Kasse stand eine alte Frau: schmal, blass, grau, umständlich. Sie hat nur wenig eingekauft, räumt, was sie erstanden hat, langsam in ihre Tasche und sucht gemächlich ihr Geld zusammen. Ich merke, wie ich langsam ungeduldig werde.

Da nehme ich wahr, dass das Mädchen an der Kasse sich mit ihr unterhält. Eine hübsche junge Frau, flotter Haarschnitt, flink, ein frisches Gesicht. Sie war mir schon mehrfach aufgefallen. Man schaut sie gerne an. Jetzt hat sie sich ganz der alten Frau zugewandt. Ich höre, wie sie sie fragt: „Ach, sind Sie denn ganz allein? Kümmert sich keiner um Sie?" Was die Frau antwortet, verstehe ich nicht. „Wo wohnen Sie denn?", fragt die Verkäuferin weiter. Wieder nur ein Gemurmel. Und was sagt die nette Frau an der Kasse, die man sich auf ganz anderem Parkett vorstellen kann – was sagt sie zur alten verschrumpelten Frau? „Soll ich Sie mal besuchen? Morgen Nachmittag habe ich frei." Der Rest der Unterhaltung ging im Krach von der anderen Kasse unter.

Ich glaubte meine Ohren nicht trauen zu können. Ein richtiges, anteilnehmendes Gespräch – ein Stück

Menschlichkeit in der unpersönlichen Atmosphäre eines Supermarktes. Ich war beschämt wegen meiner Ungeduld. Ob die Verkäuferin die Frau näher kannte? Meine Neugierde meldete sich – das muss ich wissen! Dann war ich an der Reihe. Und als ich mein Geld in den Beutel steckte, fragte ich die junge Frau: „Haben Sie die alte Frau gekannt, mit der Sie sich eben so nett unterhalten haben?" Sie schaute mich überrascht an. „Was heißt: kennen? Sie ist Kundin hier und kauft dann und wann ein. Warum fragen Sie?" Offensichtlich war ihr meine Anfrage in diesem Umfeld so unerwartet wie mir ihr Verhalten.

Was leben wir doch in einer verrückten Welt – unpersönlich und kalt. Dass einem schon auffällt, wenn sich ein Mensch wie ein Mensch verhält.

Wir sind doch Nachbarn!

Kennen Sie Ihre Nachbarn? Ich muss gestehen, dass ich nicht viel von den meinen weiß. Ob sie scharf darauf wären, wenn ich anfinge, mich für sie zu interessieren?

Diese Frage beschäftigt mich, seitdem mir ein Freund von seinen Erfahrungen erzählte.

Er ist im Spätherbst umgezogen. Schönes Haus im Schwarzwald – weg vom Trubel – die Fahrerei gehe ihm nicht auf die Nerven. Doch mein Freund hat gut reden: Er hat einen Job, bei dem er auch zu Hause arbeiten kann. Wo denn sein Haus stehe – ganz allein am Wald? Und Nachbarn? Ja – das wollte er ja gerade erzählen.

Gute Freunde und Bekannte hatten ihm beim Umzug geholfen. Er hatte sogar auf den großen Umzugswagen verzichtet – seine vielen Bücher, was sei das angenehm gewesen, immer nur so viel zu transportieren, wie er sofort wieder einräumen konnte! Ein Problem war nur das Klavier. Ein Anhänger wurde besorgt – seine Bekannten und ein Fachmann hatten am Morgen das schwere Ding aufgeladen. Mein Freund wollte im Lauf des Tages den Transport durchführen, und am Abend wollten die Helfer alle wiederkommen, um das sündenschwere Instrument fachgerecht im neuen Haus aufzustellen. So weit – so gut!

Mein Freund fuhr am Nachmittag los. Der Himmel hatte sich bezogen; es wurde ein bisschen kalt – Spätherbst, und wie gesagt: Das neue Haus steht im Schwarzwald – herrliche Lage, ganz am Waldrand ...

Als er so langsam in höhere Schwarzwaldregionen kam, fing es ganz sachte an zu schneien, nur ein paar Flocken. Wer denkt als Normalmensch um diese Zeit schon an Schnee – und wer denkt als Schreibtischmensch daran, dass das ein Problem werden könnte!

Die Zufahrt? Natürlich war die befestigt, und mehrfach ausprobiert. Aber jetzt – ein bisschen Schnee – und ein bisschen kalt – und ein bisschen steil – und ein bisschen eng – folglich: als vorsichtiger Fahrer langsam den Berg hinauf mit dem schwer belasteten Anhänger.

Es ging ganz gut – so schien es – da geschah's! Rutschte der Anhänger leicht nach links? War die Straße nicht ganz eben? Bildete er es sich nur ein in seiner leise eingestandenen Angst? Weiterfahren oder anhalten? Instinktiv tat er das Letztere – und das war falsch. Der Anhänger saß fest – auf die Seite gerutscht – und nichts ging mehr ...

Und nun? Panik! Und leise rieselt der Schnee ... Kaum der Rede wert – aber was wusste man schon, wie sich das im Schwarzwald anließ ...

Ein Stück über den Wiesen lag ein Bauernhof – so ein typischer Schwarzwälder Einsiedlerhof. Nein – gesprochen hatte er mit denen noch nie. Egal – mit dem Mut der Verzweiflung ging mein Freund über die Wiesen. Dort im Haus hatte man ihn schon beobachtet. Geredet wurde nicht viel – Hotzenwälder sind schweigsam.

Der Bauer sagte kein Wort – ging in die Scheune – holte den Traktor und fuhr los. Und es dauerte nicht lang, da war das Unheil beseitigt, das Klavier stand unversehrt bereit, um ins Haus gebracht zu werden – direkt vor der Tür.

Gott sei Dank! Was für ein Glück! Was sollte er dem Bauern denn geben? Hatte er überhaupt genug Geld in der Tasche?

Dankesreden stotternd und nach dem Geldbeutel nestelnd, stand mein Freund vor dem auf seinem Traktor sitzenden Mann. Der winkte ab: „Was wollen Sie denn! Wir sind doch Nachbarn!" Und los fuhr er.

„Wir sind doch Nachbarn!" – das war das Stichwort, mit dem mein Freund wusste, dass er in eine andere Welt umgezogen war.

Skandale

Sondermeldungen im Alltag

Supermärkte sind schrecklich praktisch. Man findet in einem Aufwasch alles, was man braucht: Von den Getränken über das Obst und den Brotbelag bis zum garantiert umweltfreundlichen Waschmittel.

Aber: In Supermärkten kann man zugleich Anonymität und Isolierung üben. Nicht einmal an der Türe sieht sich so manch einer bemüßigt, auch nur dem, der sie ihm aufhält, mit dem Kopf zuzunicken. Einkauf getätigt – raus!

Überhaupt die Türen! In manchen Supermärkten haben sie's auf sich. Sie sind schwer – schließen akurat. Und wenn man den obligatorischen Wagen schiebt – gar noch mit Leergutkisten beladen – dann hat man Probleme, die Tür auf die richtige Weise aufzuschieben. Es gibt einen unliebsamen Stau. „Wer hilft wem?", heißt die Devise.

Neulich ging ich auf unseren Supermarkt zu. Vor mir eine junge Frau mit ihrem recht munteren dreijährigen Jungen, einem quietschlebendigen Knaben!

Die Mutter hatte ihren Wagen mit mehreren Flaschenkisten – eben aus dem Auto gehievt – vollgeladen. Diese günstige Situation wollte der Knirps ausnützen. Wann je kann man so günstig „Trittbrett fahren"! Also hängt er sich auf der Seite fest und lacht übers ganze Gesicht. Die Mutter aber hat Sorge. Die einseitige Belastung könnte den Wagen zum Kippen bringen. Sie belehrt ihren Sohn: Vorne aufsteigen soll er. Und sie erklärt ihm auch, warum. Der Kleine folgt aufs Wort, steigt vorne auf – und los geht's!

Aber, wer will mit dem Rücken zur Welt gefahren werden! Unser kleiner Trittbrettfahrer sah nicht, wohin die Reise geht. Also, was tun? Kinder sind beweglich und einfallsreich. Ohne zu zögern, hängte er sich vor, oder besser gesagt: zurück, so dass er – kopfüber – sah, wohin er gefahren wurde. Die Fuhre näherte sich der Tür. An der war auch ich inzwischen angekommen, tat das Selbstverständlichste von der Welt und hielt der Frau mit dem schweren Wagen samt Knirps die Türe auf. Mühelos konnten sie passieren.

Doch, da gab's einen Zwischenfall. Der Kleine schaute sich nach mir um, schaute mich genau an. Dann wandte er sich an seine Mutter, und mit hoch erstaunter Stimme frage er: „Mama, ich kenn die Oma gar nicht, warum hält die mir die Türe auf?"

Unbekannt hält einem die Tür auf, das ist offenbar eine Sondermeldung für unseren Wagenfahrer. Was für Erfahrungen hat er bislang gemacht, dass er sich so darüber wundert? In was für einer Gesellschaft leben wir, dass kleine Kinder das Selbstverständlichste von der Welt nicht mehr für selbstverständlich halten?

Als ich den Laden verließ, folgte mir ein junger Mann, beide Hände voll. Gewohnheitsmäßig knallte ich ihm die Türe nicht vor der Nase zu. Der aber ging hoch erhobenen Hauptes vorbei. Er hatte nicht einmal wahrgenommen, dass ihm jemand die Tür gehalten hatte.

Von Solidarität ist viel zu lesen. Doch – das wäre hier nicht einmal nötig, nur ein bisschen von dem, was man Höflichkeit nennt. Höflichkeit – diese altmodische Tugend.

Hauptsache, ein gutes Geschäft!

Die Landschaft saust an mir vorbei – kaum wahrgenommen, ist sie schon weg. Der Fensterrahmen
schneidet mir Bilder aus: malerisch oder trist, öde oder
faszinierend. Ich sitze im Speisewagen des ICE. Vor
mir ein Glas Tee. Ich habe mein Buch im Abteil vergessen. Also: nichts als Landschaft – Tee – ausruhen.
Zwischendurch dringen Wortfetzen an mein Ohr.
Über dem Gang auf der anderen Seite sitzen drei se-
riöse Herrn. Sie trinken Kaffee und Whisky. Von der
Landschaft sehen sie nichts; ihr Blick ist auf ein großes Blatt Papier geheftet. Ich lasse die Bäume vorüberziehen und höre Quadratmeterzahlen. Heftige Debatte.
Einer mit einem Stift malt dann und wann auf dem
Papier hin und her. Meine Neugierde erwacht. Es geht
offensichtlich um den Plan einer größeren Wohn-
anlage. Ein Architekt und sein Assistent. Und der
andere? Dem scheint nicht zu passen, was ihm da vor-
geschlagen wird. Er ist wohl der Bauherr – ein Groß-
unternehmer? Er spricht von anderen günstigeren Pro-
jekten und Angeboten. Ich beginne zu schielen. Doch
Baupläne haben mir noch nie viel gesagt, und jetzt
noch solche in einigen Metern Entfernung! Ich errate:
Es geht um ein größeres, ineinander gehendes Bauvor-
haben ...
Also: Hier muss erweitert werden – aber dann wird
hier die Zufahrt zu schmal – ach, auf dem Plan erkennt man das nicht sofort – später hat der, der hier
wohnt, eben ein Wegerecht, von der anderen Seite her –
aber, das kann Ärger geben – möglich, aber nicht in
diesem Moment – muss eben vertraglich geregelt werden ... Dem Architekten scheint der Vorschlag nicht
zu passen – aber es ist ja nicht sein Haus, das er hier
plant. Offenbar ist das Grundstück zu klein für den ge-
planten Riesenbau.

Ich schaue wieder den Bäumen zu, trinke noch ein Glas Tee. Da lässt mich die Debatte abermals aufhorchen: Das große Zimmer ist einfach zu klein – nicht attraktiv – spricht keinen Mieter an. Und wie ist die Lösung? Man bricht hier die Wand durch, das ergibt einen schönen großen Raum, der jeden besticht, der die Wohnung besichtigt. Aber: Die Wohnung hat dann einen Raum weniger – vielleicht ein Zimmer für ein Kind? Keine Antwort. Die große Planung wirkt großzügiger, lässt sich auch leichter verkaufen ...

Ich ziehe für mich Fazit: Hauptsache, es sieht gut aus. Man versetze hier eine Mauer – ob das dann später beschwerlich ist für die Bewohner, die nur Durchgangsrecht haben, Ärger kriegen und klagen müssen – wen kümmert das, wenn er aus geringem Baugrund möglichst viele Quadratmeter bewohnbarer Fläche herausschlagen will. Und ein Zimmer weniger? Was soll's, wenn der Plan in die Augen sticht, wenn bei der Hausbegehung der Mieter auf den einen großen Raum hereinfällt ... Wenn nur das ganze Unternehmen sich gut verkauft, sich meistbietend vermietet. Wie es sich dann darin wohnt – ob Familien mit Kindern Wohnraum finden ...

Am anderen Tisch sind die Probleme gelöst. Man bestellt noch einen Whisky, dazu reicht es gerade noch, so wird festgestellt, bis sie ankommen. Ankommen wo? Bei der Abmachung eines guten Geschäfts – beim eigenen Konto – beim eigenen Geldbeutel – beim Vorteil für sich.

Fremd werdende Orte

Kirchen – Orientierungspunkte in einer Stadt, einem Dorf. So war es. Stehende Ausdrücke dazu sind uns geläufig. Wenn wir kritisieren wollen, man solle nicht ganz Ausgefallenes planen, dann sagen wir: „Lass die Kirche im Dorf!" Und jeder versteht es – noch. Oder wir bescheinigen jemandem, dass er „über den Kirchturm hinaussieht", wenn wir sagen wollen, er habe einen weiten Horizont. Noch spricht unsere Sprache von Kirchenerfahrungen. Sind es Erfahrungen einer vergangenen Zeit? Die Erfahrungen von heute sind offenbar andere.

Seit vielen Jahren arbeite ich im kirchlichen Umfeld. Öfter mal führe ich Gespräche, halte Referate, mache Gruppenarbeit – meist in kirchlichen Häusern. Meist finden solche Aktivitäten, wenn nicht am Wochenende, dann am Abend statt.

Ich kenne viele Gemeinden, weiß, wo ich deren Kirchen und Gemeindehäuser finde; aber ich kenne – bei Gott – nicht alle Kirchen in unserer großen Diözese Rottenburg-Stuttgart. Vor allem nicht in Neubaugebieten. Also, was tun? Man kommt in der betreffenden Stadt oder dem Dorf eine Viertelstunde früher an und erkundet in aller Ruhe den Weg. „Bitte, sagen Sie mir doch, wohin ich fahren muss, um zur katholischen Kirche, zum Gemeindehaus zu kommen."

Ich erinnere mich sehr wohl, als es mir vor mehreren Jahren zum ersten Mal passierte, dass ich viermal anhalten musste, um auch nur eine grobe Richtungsangabe zu bekommen. „... Richtung Kirche?" „Kirche? Keine Ahnung!"

Das hat mich sehr irritiert. Seitdem ist mir das öfter passiert. Und es geschieht immer häufiger, dass Passanten auf der Straße keine Auskunft geben können, wo die Kirche des Orts zu finden ist. Dabei macht es keinen Unterschied, ob ich nach Kirchen evangelischer Gemeinden frage, weil die betreffende Unternehmung – ökumenisch geplant – im evangelischen Gemeindehaus stattfindet.

„Das ist im (sprichwörtlich) katholischen Oberland ganz anders", belehrte mich einer, der vorgibt, es genau zu wissen. Denkt er! Neulich musste ich in diesem „katholischen Oberland" eine halbe Stunde lang suchen, um ein Gemeindezentrum zu finden, in einer größeren Stadt, eine große Kirche im Außenbezirk. Endlich konnte mir einer ganz vage angeben, in welche Richtung ich zu fahren hatte.

Nun mag es ja sein, dass die Kirchen, die ich gesucht habe, alle in Randgebieten liegen, wenig attraktiv und schon gar nicht wegen ihrer Bedeutsamkeit als Zeugnisse von Kunst und Kultur bekannt sind. Doch neulich war ich in Köln. Ich wollte mir eine der berühmten alten romanischen Kirchen der Stadt anschauen: St. Maria im Kapitol. Selber ortsunkundig und schon ein wenig müde, gehe ich zum nächsten Taxistand und bringe meinen Zielwunsch vor. „Kirchen? Das weiß ich nicht", sagt der Fahrer. „So etwas kenne ich nicht, ich kenne nur Straßen." Mein Taximann schaut mich an, als ob ich vom Mond komme. Offenbar ist er seit Menschengedenken nicht mehr nach einer Kirche gefragt worden.

Ich war nicht clever genug, ihn aufzufordern, seine Zentrale anzurufen. Das fiel mir erst ein, als ich mich von meinem Schock erholt hatte. Sind schöne alte Kirchen – wie es scheint – nicht einmal mehr als Kulturdenkmäler Ziel des Interesses?

Egoismus oder Solidarität?

Ausländer – ein immer wieder aktuelles Thema: Aufenthaltsgenehmigung – Einbürgerung – Rechte der zweiten und dritten Generation ...

Und dann gibt es die Asylanten. Ein Thema ohne Ende, vor allem am Stammtisch aktuell. Sollen sie arbeiten dürfen – sollen sie Geld in die Hand bekommen oder den berüchtigten Lebensmittelkorb frei Haus? Es ist – nebenbei – ein Witz, wenn Lokalpolitiker sich brüsten, sie hätten es ausprobiert, der Korb sei wirklich ausreichend. Jawohl, in der eigenen Wohnung, mit dem eigenen angestammten kleinen Luxus, auf den man in keinem Fall verzichten will – da reicht so ein Korb – für kurze Zeit.

Doch das wäre ein eigenes Thema.

Es gibt auch noch eine andere Gruppe – wesentlich geringer an Zahl, nämlich die Aussiedler. Meist sind es Russlanddeutsche. Deutsche also! Natürlich – zu denen hat man ein anderes Verhältnis bzw. man hat es zu haben! Auch wenn ihre deutsche Sprache etwas merkwürdig klingt – sie werden es schon lernen.

Aber ihre Gebräuche, ihre Sitten, ihr Alltag, den sie leben – das alles unterscheidet sich schon ein wenig vom unseren. Wenn sie Neulinge sind, ist das ja ganz interessant. Man ist bereit, ihnen zu helfen. Aber auf Dauer? Vom anderen kirchlichen Stil angefangen, der uns manchmal erscheint, als sei er der unserer Urgroßmütter, bis zum irgendwie anderen Lebensstil im Alltag – so genau kann man es gar nicht benennen, was einen stört.

Erzählt da neulich eine junge Frau, Helga heißt sie, von einer Gruppe von Russlanddeutschen in ihrer Gemeinde. Die Gemeindereferentin hält eigene Katechesen, damit sie sich bei uns besser einfinden. Und jetzt haben einige junge Frauen sogar Arbeit gefunden, als

Hilfskräfte in einem Betrieb, zwei gar im Büro. Einige der deutschen Kolleginnen waren sehr hilfreich – im Anfang.

Nach einiger Zeit beklagte sich Anna, eine der beiden, über ihren unbequemen Bürostuhl, einer von der vorletzten Generation – nicht zumutbar. Aber, so sagte sich Helga, habe ich nicht auch einen neuen Stuhl nötig? Wohl – der meine ist nicht so alt wie jener dort, aber immerhin! Und schon war der Rivalitätskampf im Gang. Kampf um den neuen Stuhl. Helga kämpfte, wie es üblich ist: Beschwerde beim Unterchef – beim Oberchef – bei der Mitarbeitervertretung ...

Das russlanddeutsche Mädchen Anna machte sich weniger laut bemerkbar, aber sie war nicht allein. Ihre Freundinnen standen ihr bei, gemeinsam haben sie sich um den neuen Stuhl bemüht, gemeinsam sind sie vorstellig geworden.

Und was geschah? Eines Tages musste die Einzelkämpferin Helga feststellen, die Ausländerin – wie man sie jetzt nannte – hatte ihren neuen Stuhl. So ein Skandal! Jetzt, beim Sichaufregen, da waren alle Deutschen auf Helgas Seite. Einmütig wurde geschimpft. Als es darum ging, das Stuhlproblem zu lösen, da war Helga allein gelassen. Denn jede dachte: Lass sie mal! Vielleicht brauch ich auch bald ein neues Stück. Die Russlanddeutschen dagegen waren solidarisch gewesen, als es etwas zu tun gab.

Vielleicht gäb's bei „diesen Ausländern" auch etwas zu lernen!

Da liegen Welten dazwischen ...

Ferien im Ausland. Vielleicht erwischt man dann und wann eine deutsche Zeitung.

Wenn man aber vierzehn Tage durch Guatemala gereist ist, dann ist alles, was in europäischen, gar in deutschen Zeitungen zu lesen war, weit weg.

Nach so einer Reise war ich tief beeindruckt von diesem herrlichen Land, von seinen unendlich armen und dennoch herzlichen und zugleich zurückhaltend freundlichen Menschen.

Als ich dann im Flugzeug saß – in Miami war ich umgestiegen – griff ich interessiert nach einer deutschen Zeitung – der FAZ. Der Mensch, der neben mir saß, hatte den gleichen Griff getan. Nach einer Weile frage ich mich, was eigentlich ist nun wirklich passiert in den vierzehn Tagen? Die Aussicht auf einen stundenlangen Flug lässt das Interesse an meiner Umwelt wach werden. Ich werde meinen Reisebegleiter fragen. Vielleicht war der nur ein paar Tage von zu Hause weg und hatte so den besseren Durchblick.

Doch auch er war schon vierzehn Tage unterwegs – geschäftlich. „Auch in den Staaten gewesen?", fragte er mich. „Nein, in Guatemala." „Ach, wie interessant!" Wie es denn dort sei – die allgemeine Lage? Lassen sich bald bessere wirtschaftliche Beziehungen anknüpfen? Und ob ich wüsste, welche Partner wohl zu empfehlen seien?

Wirtschaftliche Beziehungen? Davon habe ich keine Ahnung. Und von Guatemala kommend, auch kein Interesse. Ich engagiere mich dort für ein Erwachsenenbildungsinstitut. Die an den Rand Gedrängten sollen eine Chance bekommen, sich selber am wirtschaftlichen Leben in ihrem eigenen Land zu beteiligen, sie sollen nicht weiterhin ausgebeutet werden. Das ist mein guatemaltekischer wirtschaftlicher Horizont.

Wahrscheinlich habe ich das – ganz unbeabsichtigt – recht provoziert vorgebracht. Auf alle Fälle: keine Reaktion bei meinem Gesprächspartner. Er reagierte von da an überhaupt nicht mehr.

Während er sich in den Wirtschaftsteil der FAZ vertiefte – wie immer umfangreich – nahm ich mir derweil das Feuilleton vor. Etwa zehn Stunden gemeinsamen Flugs lagen noch vor uns – unterbrochen von freundlichen Stewardessen und Flugverwöhnung.

Dann – irgendwann wurden die Rollläden dicht gemacht – Licht aus. Es wurde geschlafen. Vortäuschung, als läge eine ganze Nacht dazwischen. „Schlafen Sie gut", wünschte ich meinem Nachbarn. Keine Antwort.

Als dann die „Nacht" vorbei war – nach fünf Stunden wurde das Frühstück serviert. Ich wünschte „Guten Morgen" und fragte ihn, ob er gut geschlafen habe. Diesmal wenigstens ein zustimmendes Knurren.

Endlich in Frankfurt. Der Mensch neben mir packte seine Aktentasche, stand auf und ließ mich ohne einen Gruß zurück. Ein starkes Stück! Hatte ich ihn mit meiner Parteinahme für die armen Indios, die kaum den nötigen Mais zum Leben haben, derart beleidigt?

In Guatemala hatte ich eine Postkarte gesehen; sie war zum 500-jährigen Gedenken an die Eroberung gedruckt worden. Etwas theatralisch – so hatte ich sie zunächst empfunden. Auf der einen Seite standen in ihren bunten Trachten die Mayas und auf der anderen Seite – hochgerüstet, mit Helm und Schild, eine Armee. Und darunter stand: „Begegnung zweier Welten".

Jetzt glaube ich: So theatralisch war diese Postkarte gar nicht. In den beiden nebeneinander sitzenden, die FAZ lesenden Fluggästen begegneten sich auch zwei Welten – bzw. sie begegneten sich nicht!

Es darf nicht wahr sein!

Haben Sie schon einmal vom Aussatz gehört? Natürlich – und sei es nur in den Jesus-Geschichten. Immer wieder wird erzählt, wie Jesus sich dieser Ausgeschlossenen annimmt – diese armen Menschen heil macht. „Geh hin und zeige dich den Priestern!" – so heißt es am Schluss dieser Geschichten. Ganz offiziell – sozusagen von der damaligen Gesundheitsbehörde – musste festgestellt werden: Dieser Mensch, bisher von allen gemieden, kann wieder in die menschliche Gemeinschaft aufgenommen werden.

War das eine grausame Art, wie damals verfahren wurde? Menschen einfach aus der Gemeinschaft auszuschließen? Doch man fürchtete sich vor der heimtückischen Krankheit; die Angst vor Ansteckung macht solches Verhalten verständlich.

Das änderte sich auch in späteren Jahrhunderten nicht. Es gab Inseln – dorthin wurden die Aussätzigen verbannt. Dort konnten sie sich – gleichsam – gegenseitig zu Tode pflegen.

Dass sich dorthin kein Gesunder traute, ist nur verständlich. Einige christliche Missionare nahmen freiwillig den sicheren Tod auf sich. Von einem, der besonders herausragt, kann man in jedem Religionsbuch lesen: Damian de Veusters. Er hat sein Leben den Aussätzigen geweiht, hat sie Jahre lang gepflegt, ist selber als Aussätziger gestorben. Wenn das kein Heiliger ist, dann weiß ich nicht, wen man so nennen soll!

Gott sei Dank! Inzwischen kann man den Aussatz bekämpfen, und wenn nicht heilen, so doch zum Stillstand bringen. Es gibt eine ganze Reihe von Krankenhäusern, von den verschiedensten christlichen Hilfswerken getragen.

Und es gibt das Aussätzigen-Hilfswerk. Dessen Anzeigen kann man dann und wann lesen – dessen Spendenaufrufen begegnet man da und dort – Plakate – Überweisungsformulare – Informationsmaterial.

Zustände wie zu Jesu Zeiten – die sind also vorbei. Wir, wir kümmern uns um diese Menschen! Der Aussatz ist erkannt, die Gefahr als todbringend ansteckende Krankheit ist gebannt. Es gibt Einrichtungen, die sich dafür einsetzen. Nur: Sie brauchen die finanzielle Unterstützung – von Ihnen, von mir. Und manchmal lasse ich mich motivieren.

Aber, es gibt halt so viele, die sammeln und betteln. Und wahrscheinlich haben sie alle gute Gründe ...

Das Aussätzigen-Hilfswerk hat eine einfache Weise entdeckt, uns immer wieder vor die Augen zu kommen. Wenn wir schon vor den vielen, die uns um eine Gabe bitten, die Augen verschließen – die Büchsen, die sich für die kleinen Münzen anbieten, sind kaum zu übersehen. Wo sie stehen, haben sie einen guten Platz – neben den Kassen der Apotheken. Apotheken, das sind ja Orte, wo man unentwegt Kleingeld, manches Mal nur Pfennige, herausbekommt – Pfennige, die nur den Geldbeutel beschweren. Also: Weg damit! Den Aussätzigen soll's gut tun!

Sie denken jetzt wohl, weshalb erzählt sie das alles? Will sie für die Aussätzigen sammeln? Das wäre ein interessanter Nebeneffekt! Doch das ist nicht der Grund, weswegen ich Ihnen das alles erzähle.

Komme ich da neulich in die Apotheke, was erzählt mir da – mit sichtlichem Abscheu – meine Apothekerin? Jetzt sei schon die zweite Sammelbüchse – weithin sichtbar mit dem Verwendungszweck ausgewiesen – abhanden gekommen – einfach entwendet – gestohlen! Mir verschlug es die Sprache. – War hier jemand so arm, dass er die Hilfe der Ärmsten „klauen" musste? Oder – was ist hier eigentlich los!

Zeichen der Schande – Zeichen des Heils

Schauen wir uns die Ruinen mittelalterlicher Städte an, so sind es meist die Stadtmauern und die davor liegenden tiefen Gräben, die unser Interesse finden. Ummauerte Siedlungen, geschützt nach außen hin gegen Angriffe, gegen Eindringlinge jeder Art. Die Tore konnten geschlossen werden, hochgezogene Zugbrücken – und kein Weg führte hinein.

Und wie war das in biblischen Zeiten, wenn wir zweitausend und mehr Jahre zurückgehen? Stadtmauern gab es sehr wohl; fest ummauerte, gesicherte Städte. Eine Gesellschaft hatte sich auf relativ engem Raum mit arbeitsteiligem Gewerbe angesiedelt. Das gab es schon bei den Hochkulturen des Alten Orients.

Selbstverständlich waren auch die größeren in der Bibel genannten Städte von Mauern befestigt. Als die Israelstämme nach Palästina eingedrungen waren, hatten sie dort städtische Gemeinwesen vorgefunden. In die waren sie langsam hineingewachsen. Nachdem man sich städtisches Wohnen – im Unterschied zu den nach wie vor offenen Dörfern – angewöhnt hatte, die Stadt das Symbol der Macht wurde und nachdem in Jerusalem gar der Tempel stand, wurde die Stadt zum befriedeten Bereich.

In der Stadt war sozusagen die „heile Welt", man war geschützt nicht nur durch Mauern, sondern auch durch die Gemeinschaft. Draußen, im ungeschützten freien Feld, war man allen bösen Mächten – sichtbaren und unsichtbaren Feinden – ausgeliefert. Dorthin waren auch jene zu jagen, die sich durch ihr Verhalten aus der geheiligten Gemeinschaft des Gottesvolkes ausgeschlossen hatten. Vor der Stadt wurden Gotteslästerer gesteinigt. Denn die Strafe an einem, der nicht mehr zur Gemeinschaft gehört, kann nicht im Raum der Gemeinschaft vollzogen werden. Das äußere Zeichen des Hinausjagens zeigt, was mit diesem Menschen bereits geschehen ist: Er hat sein Leben bereits verwirkt; die vollzogene Todesstrafe ist nur die Ausführung dessen, was schon ist.

Auch Jesus wird dort gekreuzigt. Außerhalb der Stadt, außerhalb der Ummauerung – die Gemeinschaft signalisiert –, am Ort, wo Gotteslästerer, Verbrecher, Ausgestoßene ihr Ende finden; am Ort des Unheils wird er zu Tode gebracht. Nicht zufällig werden nach dort auch jene vertrieben, von denen man glaubt, sie seien von bösen Geistern besessen, Menschen, mit denen man nichts zu tun haben will. Hierhin bringen die Menschen ihren Messias.

Dem Hebräerbrief fällt zu dieser Tatsache sofort ein bedeutsamer Vergleich ein. Der „Sündenbock" des Versöhnungstages ist dafür ein Bild. Dem Sündenbock wurden alle Sünden des Volkes aufgeladen, und dann wurde er hinaus in die Wüste geschickt. Jesus ist der „Sündenbock" schlechthin. Er hat ganz anders als jener alle Schuld des Volkes auf sich genommen und „weggetragen". Damit bekommt das Gekreuzigt-Werden draußen vor der Stadt eine neue Bedeutung. Das Hinausgeführt-Werden aus der Stadt dokumentiert, dass Jesus die Enge einer Volksgemeinschaft sprengt. Sein Ort ist nicht mehr die Stadt, sein Ort ist „draußen". Er stirbt für alle, für alle, die „draußen" sind.

So wird der Ort der Unsicherheit, der Ort der Bedrohung, der Einsamkeit, des Unheils zum Ort des Heils für alle.

Vor den Mauern der Stadt, am Ort des Unheils, auf einem Hügel steht das Kreuz.

Doch das Zeichen der Schande – „draußen" vor der Stadt – ist geworden für alle zum Zeichen des Heils.

Versäumnisse

Wer will sich schon ändern!

In der Zeit vor Ostern reden die Kirchen viel von Umkehr – umkehren von vielleicht falschen Wegen. So gern hört man das nicht. Und die Texte, die einem dazu angeboten werden, hat man so oft schon gehört, dass man gar nicht mehr hinhört (falls man auf „so etwas" überhaupt noch hört!).

Aber irgendwie weiß ja jeder – so ganz still bei sich – dass gar manches besser nicht so wäre, wie es ist: bzw. dass man manches besser, anders machen sollte. Ganz einfach, dass man so manches ändern sollte. Ganz leise vor sich hingedacht, weiß man das ja; aber man lässt es nicht hochkommen. Schon gar nicht so weit, dass die anderen es merken.

So weit mit meinen Überlegungen, erinnere ich mich an einen Text – nicht aus der Bibel! Und der lautet so: „Die meisten Menschen sind nicht darauf bedacht, sich zu ändern, sondern nur zu beweisen, dass sie sich nicht zu ändern brauchen. Ändern, das sollen sich nur die andern."

Nicht darauf bedacht, sich zu ändern – beweisen, dass man sich nicht zu ändern braucht. Die andern, ja, die haben es nötig!

Zu welcher Gruppe mag ich wohl gehören? Zu den „meisten" oder zu den „anderen"?

Der Autor unseres Textes ist keineswegs ein Bibliker. Wenn man im Lexikon nachschlägt, findet man folgende Angaben: Sozialpsychologe, Tiefenpsychologe, Psychoanalytiker. Es handelt sich um Erich Fromm.

Allerdings, weit weg von der Bibel ist er nicht groß geworden. Er ist in einem orthodox-jüdischen Haus aufgewachsen, hat 25 Jahre lang jüdische Schriftgelehrsamkeit praktiziert. Mit dem besten Psychologiebuch der Welt – nämlich der Bibel – ausgerüstet, konnte er wohl ein so berühmter Kenner der menschlichen Seele werden.

Ändern müssen sich nur die andern. Ich nicht! Weit verbreitet ist solche Selbstgerechtigkeit. Dabei ist es Unsinn, so zu denken. Wir ändern uns alle Tage, lernen Neues dazu, setzen uns mit unerwarteten Situationen auseinander und entwickeln Fähigkeiten, die wir selber uns nie zugetraut hätten. Und dennoch beschleicht uns Unbehagen, wenn es heißt: umplanen – Neues anfangen. Wer weiß, wo das hinführt! Schließlich haben wir doch unseren Standpunkt. Und wer kann als ausgewachsener Mensch davon abrücken!

Bei einem alten schwäbischen Prediger fand ich den köstlichen Satz: „Es gehört manchmal mehr Mut dazu, seine Meinung zu ändern, als ihr treu zu bleiben."

Ein Satz, den man sich an den Spiegel in seinem Badezimmer kleben könnte.

Ein hübsches Gegenstück zum Text von Erich Fromm steht bei Bert Brecht. Da begegnet dem Herrn K. eines Tages ein alter Bekannter, der ihn schon lang nicht mehr gesehen hat, und der sagt zu ihm: Ach, er habe sich ja gar nicht verändert. Und Herr K.? Von dem heißt es nur: „Und er erbleichte."

Es ist eigentlich komisch, dass es bei uns so wenige Leute gibt, die kreidebleich durch die Welt laufen.

Praktischer Materialismus

Viele von ihnen traf ich wieder – Kolleginnen und Kollegen, für die ich in harten Mauerzeiten Kurse gehalten habe. Das gab's nämlich auch – „damals". Jetzt traf ich sie in Dresden beim Katholikentag; nach wie vor brave Kirchenleute. Ich kannte deren Probleme, oder ich meinte, sie zu kennen. Wir hatten an vielen Abenden uns gegenseitig erzählt, wie Kirche hier und Kirche dort arbeiten kann, arbeiten will.

Jetzt erzählten sie von ihren neuen Erfahrungen. Die waren nicht so, wie ich sie erwartet hatte. Ein Graben trennt uns immer noch, auch wenn wir als Christen uns nahe zu stehen meinen.

Und dann traf ich auch einen einzigen „Normalmenschen" – wie ich zu sagen pflege –, den ich kenne aus der alten DDR, einen Nicht-Kirchenmenschen. Mit ihm habe ich ein Jahr zuvor auf der Straße „angebändelt". Er stand an einer Häuserecke und malte. Neugierig stellte ich mich daneben und schaute ihm zu.

Ob er das öfter mache, es habe den Anschein, er sei ein Profi. Das war er denn auch. Professor gewesen. – Gewesen, jetzt nicht mehr! Ehemals Parteimitglied. „Sie sind der Erste, den ich kennen lerne", sagte ich spontan.

Und was machen Sie? Was! Theologin? Und auch noch katholisch! Wir kamen ins Gespräch, länger. Ergebnis: Ich ließ mich von ihm einladen – schaute mir die Bilder des Kunstmalers an – unterhielt mich mit seiner Frau.

Und ich konnte mir nicht verkneifen zu fragen, wie man denn Parteimitglied habe werden können! Neugierde – ungeschminkt. Es war ein gutes und langes Gespräch. Ein Briefwechsel entstand. Austausch über dies und das und schließlich über viele Fragen zur

Bibel. Mein Kunstmaler liest inzwischen den Römerbrief.

„Wie lange eigentlich wollen Sie noch behaupten, Sie seien ein Atheist", fragte ich ihn lachend, als wir durch die Kirchenmeile des Katholikentags spazierten.

Aus dem langen Gespräch macht mir eine Bemerkung besonders zu schaffen. „Was ist der Unterschied im Alltag zwischen heute und damals", wollte ich wissen. Mein Maler führte viele Beispiele an: Man lebte in der DDR in seinem privaten Bereich, der war eng, aber sehr menschlich und relativ unbehelligt; man half sich gegenseitig, wo immer es nötig war. „Und die Partei?" „Ach wissen Sie, wenn man nicht auf die Straße ging und staatsfeindliche Reden hielt, dann war das auch nicht so wild ..." „Jetzt aber ist diese private Ebene dahin – Misstrauen – jeder rennt seinem Verdienst nach – Rivalität – keiner traut mehr dem andern ..."

Redete so ein ehemaliges Parteimitglied, das trotz aller Einsicht nostalgische Gefühle hat?

Ich legte die Antwort einigen meiner Freunde vor, jenen braven Kirchenleuten, die ich schon lange kenne, die zu differenzieren wissen, auf deren Urteil ich etwas gebe. Und was sagten die? „Ja, genau so ist es!"

Diese Beschreibung der Situation – von zwei Seiten her abgesegnet – lässt mich nicht los. Unser praktischer Materialismus hat die drüben in Windeseile eingeholt.

Als ich hier – nach meinen Eindrücken in Dresden befragt – dieses erzählte, meinte eine gute Bekannte: „Wenn die das einsehen, dann können sie es ja ändern ...!"

Du lieber Gott! Wenn das so einfach wäre! Was alles sehen wir ein – und machen doch alles wie vorher. Strategien zur Änderung – nicht nur für andere!

Eine tragische Geschichte

Die Lebensgeschichte dieser Frau geht mir nicht aus dem Kopf. Ihre Biographie und die Geschichte ihrer Ehe sind reichlich verworren. Mit unseren Vorstellungen von Gesetz und Ordnung, Sitte und Anstand ist hier schwer beizukommen. Versuchen wir also ganz einfach wahrzunehmen, was uns die Bibel erzählt von Michal, der Königstochter, Michal, der Königin. Denn das war sie zweifellos – aber reicht das aus?

Ihr Vater war Saul, der erste König in Israel; sie nach drei Brüdern die zweite Tochter (1 Sam 14,49). Wir hören von ihr, als der Stern ihres Vaters im Verblassen ist, als David, die Figur des großen Gegenspielers, seine Rolle schon übernommen hat: David, der Held. Saul hätte ihn gern aus dem Feld geräumt; er versucht den Rivalen mit dem Versprechen zu ködern, ihm seine älteste Tochter Merab zur Frau zu geben, wenn er nur tüchtig gegen die Feinde kämpfe (um von ihnen erschlagen zu werden!). Wie ernst es ihm mit seinem Versprechen war, zeigt die Tatsache, dass der König seine Tochter dann anderweitig unter die Haube bringt (1 Sam 18,17–19). Ein David allerdings lässt sich das nicht gefallen, auch wenn er eine Zeit darüber verstreichen lassen muss. König geworden, lässt er die ihm Versprochene zurückholen, obwohl der ihr angetraute Ehemann bittere Tränen weint (2 Sam 3,13–16) und obwohl (nach Recht und Sitte der Zeit) der König keinen Mangel an Frauen hatte – doch das ist ein anderes Kapitel.

Uns interessiert die andere Tochter Sauls, die jüngere: Michal. Von ihr hören wir, dass sie den David liebte. Das wollte sich Saul zu Nutze machen, diesmal allerdings wollte er auf Nummer sicher gehen. So einfach nur die Bedingung zu stellen, sich vor dem Feind als tapfer zu erweisen (und dabei erschlagen zu werden!), das war zu wenig, wie die Erfahrung gezeigt hatte. Saul forderte sichtbaren Beweis. Die Beweisstücke, die als Brautpreis gelten sollten, scheinen (für uns wenigstens!) nicht ganz gesellschaftsfähig! Saul fordert nichts weniger als hundert philistäische Vorhäute, handfeste Zeichen des Siegs über die unbeschnittenen Feinde. Wenn es weiter nichts ist: David präsentierte seinem künftigen Schwiegervater gleich doppelt so viele. Und mit zweihundert Vorhäuten wurde Michal seine Frau (1 Sam 18,20–27).

Sie hat ihren David geliebt; denn gleich ein Kapitel später erfahren wir, wie Michal ihm zur Flucht vor ihrem auf Rache sinnenden Vater verhilft, und das mit einer in allen Einzelheiten beschriebenen, belustigend sich anhörenden Betrugsgeschichte von einer als David verkleideten Puppe im Bett (1 Sam 19,11–17). Allerdings, ihrem Vater ins Angesicht zu widerstehen, wagte die Tochter nicht (1 Sam 19,17); soll man ihr deshalb Vorwürfe machen?

Michal hat ihren David geliebt; ganz verstanden hat sie ihn nicht. Es gibt die eindrucksvolle Geschichte von der Übertragung der Bundeslade. Als David, König von ganz Israel geworden, Jerusalem erobert und zu seiner Stadt gemacht hatte, da beschloss er, die Bundeslade in feierlichem Zug nach Jerusalem bringen zu lassen (2 Sam 6). Und David, König von ganz Israel, der als Dichter und Sänger von Psalmen in der Bibel Gefeierte – er wusste, wem eigentlich die Ehre gebührt: „Er tanzte mit großer Hingabe vor dem Herrn her und trug dabei nur ein leinenes Priestergewand" (2 Sam 6,14).

Ganz Jerusalem mag auf den Beinen gewesen sein. Und die Frauen lagen in den Fenstern, um nur ja nichts von dem großen Ereignis zu versäumen. So schaute auch Michal, Sauls Tochter (wie ausdrücklich in unserem Text dazugesetzt ist), aus dem Fenster.

Und als sie David so unköniglich hüpfen sah, da „verachtete sie ihn im Stillen" (2 Sam 6,16). Doch dabei blieb es nicht. Jetzt widerstand sie ins Angesicht dem König, der sich „bloßgestellt" habe „wie ein gemeiner Mann" (2 Sam 6,20). So reagiert eine Königstochter, die weiß, was eines Königs Rolle ist.

Und David? Er weist sie kalt zurecht. Er habe vor dem Herrn getanzt: „Vor ihm will ich mich gern noch geringer machen", sagt er (2 Sam 16,22). Und dann wird mit einem Satz das Urteil gefällt über diese Königin, die zweifellos nicht ohne Würde war und nicht ohne Format, die aber dennoch nicht wusste, worauf es ankommt. Das Kapitel schließt mit dem lapidaren Satz: „Michal aber, Sauls Tochter, bekam bis zu ihrem Tod kein Kind" (2 Sam 6,23). Schlimmeres konnte eine Frau in Israel nicht treffen. Michal, eine Frau, die ihrem Stolz zum Opfer fiel. Eine faszinierende Darstellung einer gewiss nicht alltäglichen Frau!

Was hieße hier „Evangelisierung"?

Bahnhof Nürnberg – morgens um 4.05 Uhr. Eine unmögliche Zeit! So sagen alle, denen ich davon erzähle. Wer wird sich so etwas antun! Unter all meinen Freunden – von Frauen ganz zu schweigen – habe ich nur einen einzigen gefunden, der mitreden kann. Und manchem wünschte ich so eine Erfahrung!

Ich kam aus Österreich mit dem Nachtzug. Nach Stuttgart ging es erst weiter um fünf vor sechs. Was macht's? Der Rückkehrtermin war mir wichtig. Und zwei Stunden auf einem Bahnhof bei Nacht – das vermeide ich nicht um jeden Preis. Eine andere Welt – aber wer kennt sie schon!

Ich hatte in Nürnberg sehr bescheidene Wünsche: einen Platz zum Sitzen – Licht zum Lesen – und nicht zu kalt. Es gab ja wohl eine Bahnhofsmission. Ich hatte mich erkundigt: Die große Treppe hinab und dann gleich links ... Und da war sie auch! Ich war froh; denn es gab doch recht merkwürdige Gruppen, die mir begegnet waren. Ein Schild lud zum Läuten ein. Gleich reckte ein freundlicher Penner den Kopf, um mich zu belehren: Da könne ich lange läuten – die machten nicht auf. Und so war es denn auch! Das darf doch nicht wahr sein, dass die nicht aufmachen! Ich schellte in Abständen, etwa zehn Minuten lang. Aber mein freundlicher Penner hatte Recht. „Ich hab's Ihnen ja gleich gesagt!" – kommentierte er meinen Abgang.

Inzwischen hatte ich mich umgeschaut. Umhören brauchte ich mich nicht: Die Horden grölender Jugendlicher hätte man auch mit verstopften Ohren gehört – morgens um vier Uhr – mitten in der Woche – nicht etwa freitagabends. Alltag also – nein: Allnacht auf einem Bahnhof. Ich war froh, dass sie weit weg waren. Hätte es Zoff gegeben, wäre ich zu den Pennern geflüchtet. Von denen gab es mehr als genug – in allen Ecken – an allen Wänden entlang. Neben den johlenden Jugendlichen und den Pennern drückten sich ein paar Außenseiter herum, andere Typen. Sie suchten wohl Stoff, schlichen durch die Gänge – zum Gotterbarmen!

Die absolute Minderheit waren Leute wie ich. Die hatten inzwischen die wenigen Sitze in der großen Halle eingenommen. Wo war mein Sitzplatz mit genügend Licht?

Hin und her schlendernd fragte ich mich: Wer von unseren Etablierten in Kirche und Gesellschaft, in Büros und an Stammtischen kennt solche Szene – außer als Zuschauer vor dem Fernsehschirm?

Ein schwergewichtiges Wort fiel mir ein – in der Kirche viel zitiert: „Evangelisierung". Was hieße das an solchem Ort?

116

So dahinschlendernd fand ich eine Bierklause. Kleine Vierertische – da und dort ein einzelner Gast – mit einem Glas Bier vor sich – zum Grausen: morgens um vier! In einer Ecke, etwas düster, saß einer mit einem Berg kleiner Geldmünzen – sein Bettelergebnis?

Dennoch – ich hatte, was ich brauchte: Es war hell zum Lesen – ich hatte einen Stuhl – einen Tisch für mich. Und warm war es auch. Schließlich kam sogar ein verknatschter Kellner und brachte mir eine Tasse Kaffee. Sie war auch nicht schlechter als sonst an ähnlichem Ort.

Und dann war es Zeit für meinen Zug, zurückzukehren in die gute Gesellschaft. Erst kurz vor Stuttgart fiel es mir auf die Seele. Was hilft es schon, andere wegen schöner Evangelisierungsreden anzuprangern! Warum eigentlich war ich nicht einmal auf die Idee gekommen, zum Beispiel den freundlichen Penner auch nur zu einer Tasse Kaffee einzuladen!

Schöne Reden halten kann jeder

Es war bald nach dem Krieg. Langsam gingen die Grenzen auf – zumindest die Nachrichtengrenzen. Man hörte Konkretes von Frankreich – einem noch fernen Land. Man hörte Ungewohntes. Die Kirche in Frankreich – sie war so anders – faszinierend. Freiwillige Gruppen – hier wurden Kinder im Glauben unterwiesen – ehrenamtlich. Und man hörte von Theologen, die so gar nicht im Theologenjargon redeten ... Dann und wann wurde ein Name genannt.

Unter den Namen, die man aufschnappte, war besonders einer. Der zählt noch heute: Abbé Pierre. Er ist wohl bald neunzig – doch sein Name ist in Frankreich immer noch lebendig. Er hat vieles erreicht.

Ein einzelner Mensch? Was kann der schon! Er kann,

wenn er will. Wenn er nicht nur seine Worte – wenn er sich selber einsetzt.

Zunächst wurde Abbé Pierre als Arbeiterpriester bekannt. Ein Priester, der aus dem Kirchenmilieu aussteigt – mit den Leuten lebt – der wie sie am Band sein Brot verdient.

Dass ein Mensch wie Abbé Pierre viele unserer Debatten belanglos findet, das verwundert nicht, wenn man seinen Lebensstil betrachtet. Seine Kritik war immer hart, traf ins Schwarze. Beliebt gemacht hat er sich damit nicht, aber das hat ihn sehr wenig angefochten.

Bis heute hört man auf ihn. Ausgerechnet ein Priester – und ein alter noch dazu – bewegt die Franzosen, die doch sonst nicht so viel vom Klerus halten! Und Abbé Pierre spricht nicht etwa nur Leute an aus der älteren Generation: Er ist auch der Liebling der Jugend. „Weil er es ehrlich meint und wirklich tut, was er sagt" – das ist ihr Urteil.

Der Sohn aus wohlsituierter Familie hat sich ganz in den Dienst der Armen gestellt. Den Obdachlosen, den Menschen ohne Arbeit – ihnen hat er sein Leben gewidmet.

Für sie hat er ein Werk geschaffen. Kleine Wohngemeinschaften, Menschen, die nichts mehr zu erwarten haben von einer unbarmherzigen egoistischen Leistungsgesellschaft – sie bekommen hier neue Perspektiven. In Frankreichen leben in über 200 solcher Gemeinschaften etwa 4000 gescheiterte, angeblich hoffnungslose Typen. Hier leben sie wieder menschenwürdig zusammen.

In einer solchen Wohngemeinschaft – weit ab in der Normandie – lebt Abbé Pierre. Dort hoffte er endgültig Ruhe zu finden. Doch auch in diesem Versteck spüren Journalisten ihn auf – und Politiker auch. Acht Minister haben ihn besucht und um Rat gefragt.

Und so lautet das Urteil von Abbé Pierre: „Die Besitzer von Arbeitsplätzen, das sind die Wohlhabenden und Reichen; sie klammern sich an ein System ständigen Wachstums. Dieses Modell funktioniert schon lange nicht mehr. Wir brauchen eine neue Weltordnung, in der das Teilen praktiziert wird. Ich werde wütend, wenn ich sehe, wie die Reichen immer reicher werden. Liebe zu den Armen ist von Wut nicht zu trennen." – So redet ein alter Mann!

Dass wir eine neue Weltordnung brauchen, das sagen nicht nur Leute wie dieser Abbé Pierre.

Aber: Warum bekommen wir sie nicht, diese neue Ordnung? Wahrscheinlich gibt es zu viele, die nur davon reden!

„... der ist ein Schwein!"

Ich war zu Gast im Pfarrhaus einer größeren Stadt. Der Pfarrer hatte mich gebeten, mich eine Weile mit einem jungen Paar zu unterhalten. Er habe noch ein anderes Gespräch. Die jungen Leute seien schon lange angemeldet; sie wollten ihr Kind taufen lassen, also stand das Taufgespräch an. Und was für ein Theater die Terminsuche gewesen sei. Dieser Termin und jener Termin habe den beiden nicht gepasst. Und wie wär's dann und dann? Da könnten sie auch nicht. Und jetzt sei kein anderer Zeitpunkt übrig geblieben als ausgerechnet der heutige Nachmittag. Dem Pfarrer war sein Unmut deutlich anzumerken.

Was redet man mit wildfremden Menschen, die außerdem gar nicht mit mir reden wollten, sondern mit dem Herrn Pfarrer? Sollte ich gleich mit dem Thema anfangen? Dem Pfarrer ein Stück seiner Aufgabe abnehmen? Ich war mir meiner Rolle nicht sicher.

Die junge Frau war heiter, erzählte ein bisschen von ihrem kleinen Sohn, ein Vierteljahr alt, der schon dies und das und Wunder was alles mache und brabble. Der Vater war reichlich zugeknöpft – saß da und sagte kein Wort. Schließlich drohte das Gespräch zu versanden. Auch das liebste kleine Kind, das nicht da ist und das man nicht kennt, ist als Gesprächsstoff nicht unerschöpflich!

Also setzte ich neu an. Ich fragte den Vater, was er denn arbeite. Ich hätte gehört, sie hätten große Probleme mit der Terminabsprache gehabt. Da taute der Mann auf. Fernfahrer sei er, viel unterwegs. Ach so – daher! Er hole Gemüse und Blumen aus Holland und fahre sie nach Süddeutschland, habe unregelmäßige Schichten und sei oft tagelang nicht zu Hause. Das erzählte der junge Mann recht flüssig. Also: Weiter im Fernfahrertext!

Ich erinnerte mich, dass mir mehrfach schon aufgefallen war, wie Fernfahrer auf Parkplätzen sich unkompliziert unterhalten, in Raststätten zusammensitzen. Ob er viele Kollegen anderer Unternehmen kenne? Ja und nein – aber man sei schnell im Gespräch.

Und dann erinnerte ich mich, unlängst einen Fernlaster gesehen zu haben, der auf der Strecke liegen geblieben war. Panne. Und kaum hatte ich ihn überholt, da sah ich im Rückspiegel, wie ein anderer angefahren kam und hielt. Das erzählte ich, und ich fragte, ob sie denn irgendwelche Signale hätten, wenn einer Hilfe brauche. Mein Fernfahrer war überrascht. Wieso denn? Na ja – wenn da gleich einer anhalte, das sei doch wohl nicht selbstverständlich. Und was war seine Antwort? „Wer da nicht hält, ist ein Schwein!"

Das saß! Ich war froh, dass der Pfarrer in diesem Moment kam. Ich hätte nämlich meinem Fernfahrer gestehen müssen, dass ich wohl auch zu dieser Sorte von Lebewesen zu rechnen sei! An wie vielen Autopannen bin ich schon vorbeigefahren, ohne auch nur daran zu denken, mich anzubieten, beim nächsten Telefon die Panne zu melden.

Doch, meine Freunde – denen ich davon erzählte – die sagten mir, das sei etwas ganz anderes. Eine Frau auf der Autobahn usw. usw.

Doch ist das immer mit Gefahren verbunden? Was habe ich gemacht, wenn ich sah, dass nicht etwa vier Männer, sondern eine Frau allein auf der Strecke geblieben war?

Einmal habe ich seitdem angehalten. „Wer da nicht hält, ist ein Schwein!" – das liegt mir auf der Seele. Aber über das eine Mal bin ich nicht hinausgekommen. Dafür aber habe ich inzwischen schon ein Dutzend mal über die Nächstenliebe als christliche Grundhaltung geredet. Und wahrscheinlich nicht einmal so schlecht!

Von anderen lernen

Ein klares Rezept

Ich habe ihn ein halbes Leben lang gekannt. Ein eindrucksvoller Mensch – darüber waren sich alle einig. Ich spreche von Franz Graf Tattenbach, einem Münchener Jesuiten. Von der ersten Begegnung an wusste ich, solche Leute findet man nicht alle Tage. Er war ein ausgesprochener Einzelkämpfer; zielstrebig verfolgte er das, was er wollte. Und sein Orden lässt solchen Menschen die Freiheit, ungewöhnliche Wege zu gehen.

Als Tattenbach 60 wurde, erbat er sich von seinem Orden ein Sabbatjahr. Er ging nach Zentralamerika, denn in Costa Rica hatte er Verwandte. Nach kurzer Zeit gründete er dort ein Bildungsinstitut, um Erwachsenen, die keine Schule besucht hatten, zu einem Schulabschluss zu verhelfen. Folge: Tattenbach kehrte nur noch zu kurzen Schnaufpausen nach Europa zurück. Dieses Institut läuft bis heute gut. Costa Rica ist ein Land, das politisch ruhige Zeiten durchlebt.

Ganz anders als Guatemala. Nach dorthin ließ sich Pater Tattenbach holen, um das gleiche wie in Costa Rica zu versuchen. Guatemala, ein Land mit hoher Analphabetenquote, ein Land, in dem seit Jahrzehnten Gewalt zum täglichen Leben gehörte. Es war ein ausgesprochen schwieriger Start, und das hielt an. Die ganzen Jahre, seit 1979, stand Tattenbach immer wieder vor der Frage, wie wird es weitergehen, wird es überhaupt gehen?

Damals fing ich an, bei allen Freunden hier für Tattenbachs Institut mit der Sammelbüchse anzuklopfen. Kleine Beträge, größere Beträge. Doch für Tattenbach waren die Finanzen nicht das einzige Problem: Suche nach geeigneten Lehrern – Verhandlungen mit den guatemaltekischen staatlichen Stellen – Gespräche mit Fincabesitzern, die keinen Wert darauf legten, dass ihre Arbeiter Lesen und Schreiben lernten, aus durchsichtigen Gründen: Billige Arbeitskräfte bekommt man nur, wenn jene, die man ausbeutet, keine anderen Chancen haben. Und wie sollten sie die haben, wenn ihnen die simpelsten Voraussetzungen fehlten, nämlich eine Grundschulbildung?

Pater Tattenbach hat durchgehalten. Heute, acht Jahre nach seinem Tod, betreut das Institut fast 40.000 Schüler, über das ganze Land verstreut.

Warum ich das erzähle? Nicht nur, um Sie über ein erfolgreiches Projekt in der so genannten Dritten Welt zu informieren. Mir geht es auch darum, Ihnen zu sagen, was man bei Leuten von Pater Tattenbachs Format lernen kann.

Da war zuerst die Tatsache, dass einer allein, wenn er will, Unglaubliches auf den Weg bringen kann. Und was stand dahinter? Nicht nur Tattenbachs Weitblick, sein Organisationstalent und seine Dickköpfigkeit; es war vor allem sein Gottvertrauen. Das verschlug einem die Sprache.

Bei einem der vielen Gespräche brachte er das ganze Problem auf den Punkt. Es sah einmal wieder so aus, als würde alles zusammenbrechen. Tattenbach erzählte das ganz gelassen. „Also", sagte er, „gilt es nachzudenken. Das, was wir wollen, ist eine gute Sache, folglich ist sie nicht gegen Gottes Willen. Gott hat sich immer auf die Seite der Armen gestellt. Wenn es jetzt nicht weitergeht, wenn es irgendwo hakt, dann liegt es an uns; wir machen etwas nicht richtig. Konsequenz: Wir müssen nachdenken und umplanen."

Und wie oft hat er umgeplant, immer wieder aufs Neue – wie man sieht, mit umwerfendem Erfolg. Das Rezept heißt also: Zähigkeit – sich Rechenschaft geben und – Gottvertrauen.

Isolierung bekämpfen

Manche meiner Freunde haben schon die halbe Welt bereist. Damit verglichen sind meine „Dritte-Welt-Kontakte" relativ bescheiden. Ich kenne mich nur in Guatemala ein bisschen aus, weil ich ja dort ein Erwachsenenbildungsinstitut begleite. Durch diese Verbindung habe ich auch Leute aus dem Hochland kennen gelernt.

Einmal nahm mich einer der Bischöfe mit in seinem Jeep. Fünf Stunden zu seiner Bischofsstadt in einem solchen derben Vehikel, und dann ging's mit dem Bischof querfeldein, nochmals drei Stunden lang. Wir fuhren zu einem Katechetentreffen. Der Pfarrer hatte sie zusammengeholt. Etwa fünfzig gestandene Männer, einige wenige Frauen. Es fehlte nur ein knappes Dutzend von allen, die dazugehörten – nicht viele, wenn man bedenkt, dass sie stundenlange Wege zurücklegen mussten.

Als ich kam, waren sie neugierig: Was diese Europäerin wohl zu erzählen hatte? Sie wussten, dass ich „bei der Kirche" arbeite. Also musterten sie mich von Kopf bis Fuß und fingen an, Fragen zu stellen.

Ob es bei uns auch Katecheten gebe? Das war gar nicht so leicht zu beantworten. Vergleichbar mit ihrer Arbeit ist das Engagement unserer ehrenamtlichen Mitarbeiter und Mitarbeiterinnen in den Gemeinden. Ich sagte also, solche Arbeit gebe es bei uns auch. Dann aber versuchte ich zu erklären, dass „Katechet, Katechetin" bei uns auch ein Beruf mit Ausbildung ist

– einige Jahre Studium. Große Verwunderung! Dass man dann von der Kirche angestellt und dafür auch bezahlt wird – totales Unverständnis! Muss das sein?

Ich musste ihnen also zuerst erklären, dass bei uns Religionsunterricht in der Schule erteilt wird, dass dafür aber die ehrenamtlich arbeitenden Katechetinnen und Katecheten nicht ausgebildet sind. Doch das reichte an Erklärungen nicht aus. Mir wurde klar: Es war notwendig, unser so ganz anderes soziales und gesellschaftliches Umfeld zu beschreiben.

Dass man nicht mehr in der Großfamilie lebt – dass man bei uns beruflich (auch von der Kirche angestellt) irgendwohin versetzt wird – sich eine kleine und meist teure Wohnung mieten muss – dass man ganz auf sich allein gestellt ist – deswegen auch Versicherungen aller Art abschließen muss ... Sonst erginge es einem übel bei Krankheit und im Alter.

Erschrocken schauten mich die Leute an, schüttelten den Kopf. Langes Schweigen. Schließlich meldete sich einer als Sprecher von allen.

Wenn das schon so sei – so scheine es doch unverständlich, warum die Menschen, mit denen man zusammenwohne, nicht zusammenhalten. Ob denn die Leute sich nicht in Nachbarschaftsgruppen gegenseitig beistehen würden?

Wir sollten aufpassen, dass sich bei uns nicht die Isolierung und Anonymität entwickle wie in Guatemala am Rand der großen Städte, wo die ganz Armen des Landes wohnen, die mehr oder weniger auf der Straße leben. Dann wär man froh über ein bisschen Zusammenhalt.

Was sollte ich ihnen antworten? Ich wagte nicht, von unseren Obdachlosen zu erzählen!

Natürlich, man kann unsere gesellschaftliche Situation nicht mit der dortigen vergleichen. Man kann nicht nostalgisch jammern, wie gut es doch jene Völker haben, bei denen das Großfamiliensystem noch funktioniert.

Aber die Frage des alten Katecheten, warum bei uns nicht neue Gruppierungen des Zusammenlebens entstehen, warum Menschen sich nicht zur Seite stehen, wenn es notwendig ist – diese Frage lässt mich seit jenem Gespräch im Hochland von Guatemala nicht mehr los.

Was wünschen Sie sich?

Wünsche hat jeder von uns – manche davon sind leere Träume. Wünsche können sich ändern – je nach Lebenssituation.

Und was wünschen Sie sich jetzt gerade?

Diese Frage habe ich im letzten Sommer einer Bäuerin in Guatemala gestellt. Frau Santos stand vor ihrer brüchigen Hütte. Um sie herum eine Schar Enkel; neugierig sperrten sie die Augen auf (und wohl auch die Ohren), was diese große Ausländerin wohl von ihrer Oma wollte. Frau Santos, einen Kopf kleiner als ich, kann man sich ohne ihre farbenfrohe Tracht kaum vorstellen. Ihr interessantes, von Sonne und Wind gegerbtes Gesicht ist von den Erfahrungen ihres harten Lebens gezeichnet. Doch in ihren Augen: sprühendes Leben!

Frau Santos gehört zu jenen Indigenas, die in der Zeit der Gewalttätigkeit der 80er Jahre hatten fliehen müssen. Mit ihrer ganzen Großfamilie, mit all ihren Nachbarn hat sie in den Wäldern gelebt. Viele sind nicht mehr zurückgekommen. Um die Guerilleros, die um gerechtere Lebensverhältnisse kämpften, festzunehmen, wurden ganze Dörfer niedergebrannt. Will man auf einfache Weise Fische fangen – so nannte das Militär die Guerilleros –, lasse man ihnen das Wasser ab, in dem sie schwimmen (d.h. man räuchere ihren Unterschlupf aus), und ohne Anstrengung kann man sie herausziehen – so lautete das brutale Rezept, das Schuldige und Unschuldige traf. Tausende flohen in die Wälder. Über die „Massaker im Walde" gibt es Bücher, die sich kaum als Einschlaflektüre eignen.

Frau Santos gehört zu jenen, die sich sechs Jahre lang in den Wäldern versteckt gehalten haben. Jetzt versuchen die Zurückgekehrten wieder ein normales Leben zu führen – soweit man davon reden kann.

Frau Santos hat in wenigen Sätzen, ganz unpathetisch, von jenen Jahren erzählt. Jetzt frage ich sie, was sie sich denn nun wünsche. Wünschen? „Ich wünsch mir Frieden in unserem Land. Den haben wir immer noch nicht", murmelt sie vor sich hin.

„Frieden" – was meinen Sie, wenn Sie das sagen?

Nach kurzem Nachdenken – sie flüstert, als rede sie zu sich selbst –: „Zuerst kommt Gott". Und dann, etwas lauter: „Friede, das heißt, dass jeder seinen Mais anbauen kann, auf einem Stück Land, das ihm gehört. Mais für die ganze Familie. Und wenn Frieden ist, dann haben wir alle genug zu essen, keiner muss hungern. Jeder bekommt seine Tortilla."

Sie redet von den kleinen Maisfladen, in Guatemala so wichtig wie bei uns das tägliche Brot.

„Und wenn Frieden ist", fährt sie fort, „dann sitzen wir alle um einen großen Tisch, die ganze Familie, und keiner fehlt. Und auf dem Tisch ist ein großes Tischtuch, ein Tischtuch für alle. Und jeder hat seinen Hocker" – sie meint wohl, keiner muss auf dem Boden sitzen.

Und dann macht Frau Santos wieder eine Pause und sie wiederholt ganz leise: „Zuerst aber kommt Gott."

Dies alles klingt mir im Ohr wie Sätze aus dem Propheten Jesaja (65,17.21.25), wenn er von Gottes Heilszeit spricht:

„Man wird nicht mehr denken an das, was früher war. Sie werden Häuser bauen und selbst darin wohnen. Sie werden Reben pflanzen und ihre Früchte genießen. Man tut nichts Böses mehr auf Gottes heiligem Berg." So ähnlich spricht auch Frau Santos aus dem Hochland von Guatemala. Und wir? – Was wünschen wir uns?

Zivilcourage bzw. Bekennermut

Ich war in Polen – bei einem Kongress – Austausch von vielen Erfahrungen – Kirche in Polen? Wie war das denn in der harten Zeit? Und die Parteimitglieder? Dazu wurde uns folgende Geschichte erzählt.

Neujahr – in Polen ist es üblich, dass der Pfarrer Familien besucht, um ein gutes Jahr zu wünschen und den Segen Gottes zu erbitten.

Der Erzähler war damals – 1981 – zu Beginn des Ausnahmezustandes als junger Kaplan in Warschau. Der Pfarrer hatte ihm eine Liste der Häuser gegeben. Darunter eines der Hochhäuser – 90 Wohnungen. Doch – dort wohne der Parteisekretär, deswegen trauten sich nur wenige, einen Pfarrer in ihre Wohnung zu bitten. In Wohnung Nr. 7, Nr. 20 und Nr. 69 werde er erwartet.

Der Kaplan zog los: Nr. 7 – er läutete, ein kleines Mädchen machte ihm auf. „Ihr wartet heute auf mich?" – „Ja, ja kommen Sie nur."

Schon im Flur dachte der Kaplan: Wie vornehm es hier ist! – Hinein in ein Arbeitszimmer. Dort thronte hinter einem großen Schreibtisch in voller Uniform der Parteisekretär – neben ihm, auch in Uniform – steif auf der Stuhlkante sitzend – irgend ein Parteilakai.

Der Kaplan erstarrte. – „O pardon – ich habe mich offenbar in der Türe vertan!" – „Ja, das haben Sie wohl! Aber wir sind höfliche Leute: Bitte, nehmen Sie Platz." Und es begann ein höflicher Smalltalk: Wie lange er schon in Warschau sei – woher er stamme – ob es ihm gefalle – ja, sie hätten drei Kinder – alle ungetauft natürlich! Sie seien Atheisten, und das mit Überzeugung ...

Der Kaplan schwitzte. Wie – in Gottes Namen – kam er hier wieder raus! Doch schließlich besann er sich. Der Parteisekretär hatte seine Ansicht engagiert vertreten. Und er – der Kaplan – er wollte sich verdrücken? Also fasste er Mut: Er sei in dieses Haus gekommen, um den Menschen den Segen Gottes zu erbitten. Und das möchte er auch für diese Familie tun.

Gesagt – und schon kniete er – wie das üblich ist – auf dem Boden und fing an, das Vaterunser zu beten.

Noch nicht recht angefangen, kniete schon die Frau neben ihm und die Kinder ihr nach. Der Parteibonze stand auf, sein Lakai ebenfalls. Und eh das Gebet halb gesprochen war, betete der Kaplan nicht mehr allein.

Dann wurde er in aller Freundlichkeit – kommentarlos – verabschiedet.

Draußen im Treppenhaus große Aufregung: Türen einen Spalt weit offen – Köpfe dahinter. Man hatte den Kaplan kommen sehen und mit Entsetzen festgestellt, dass er hinter der falschen Türe verschwunden war. Der arme Kerl würde wohl mit Karacho wieder herausfliegen ...

Doch – nichts dergleichen!

Ja, wenn das so ist – dann soll er auch zu uns kommen – und zu uns auch! Also: Wo war ein Telefon? Der Pfarrer musste her und die zwei anderen Kapläne auch.

Und sie beteten und erbaten den Segen Gottes bis hinauf unters Dach in der neunzigsten Wohnung. Um zwei Uhr morgens verließen die vier das Haus. Und sie wussten nicht, wie ihnen geschehen war.

Und die Moral von der Geschicht'? Man soll keine Vorurteile haben – man sollte nicht vorschnell von Mitläufern reden – man sollte „Atheisten" ihren Atheismus nicht unbesehen abnehmen – man sollte Verständnis aufbringen für Leute, denen es an Zivilcourage fehlt – man sollte sich fragen, wie es sich mit der eigenen Zivilcourage verhält – oder heißt das bei Christen vielleicht besser: Bekennermut?

Wichtiger als Geldverdienen

Von meinen Beziehungen nach Guatemala habe ich schon berichtet. Das Erwachsenenbildungsinstitut dort, das ich begleite, ist nur der äußere Anlass dafür, dass ich in Guatemala auch jenen Bischof kennen lernte, der für die Heimholung von Flüchtlingen die Verhandlungen führte. Der Bischof von Zacapa, Quezada Toruño, ist eine eindrucksvolle Persönlickeit – und ein Schlitzohr obendrein. Dass er gut deutsch versteht, hat er erst merken lassen, als mein Dolmetscher ins Schleudern gekommen war. Den Posten als Vorsitzender der guatemaltekischen Bischofskonferenz hatte Quezada Toruño aufgegeben, um sich mehr der Flüchtlingsarbeit widmen zu können. Er hatte ein eigenes Büro dafür mit Angestellten, die ihn bei der mühevollen Arbeit unterstützten.

Der Gründer des Erwachsenenbildungsinstituts, ein langjähriger Freund, hatte mir immer wieder klarzumachen versucht, dass wir Europäer unseren Hochmut abzulegen hätten. Nicht nur die armen Leute drüben, denen wir ermöglichen, ihre versäumte Schulbildung nachzuholen, könnten von uns lernen. Für uns gelte es, Qualitäten von denen drüben zu lernen – Lebensstil, Fähigkeiten, die uns im Lauf der Zeit abhanden gekommen sind. Und wir merkten das nicht einmal!

Ich hörte mir das an, und ich glaubte es auch. Aber mir so richtig konkret vorstellen, was das bedeutet – das konnte ich nicht.

Und dann erzählte Bischof Quezada Toruño mir von seiner Mitarbeiterin Teresita. Eine tüchtige junge Frau, mit guter Schulbildung und Englischkenntnissen. Er möchte auf sie nicht verzichten.

Eines Tages kam sie mit der Nachricht, ihre Großmutter sei gestorben. Dass sie nach Hause ging, war selbstverständlich. Die Reise zum Atitlansee war relativ weit; es würde Tage dauern, bis sie zurückkäme – so dachte der Bischof. Aber Teresita kam und kam nicht.

Nun gehen die mittelamerikanischen Uhren nicht so hektisch wie die unsrigen. Man regt sich nicht so schnell auf, wenn etwas nicht klappt. Doch schließlich wurde auch der Bischof unwillig. Und als Teresita nach Wochen wieder auftauchte, habe er ziemlich hart gefragt, was sie sich eigentlich gedacht habe. Hier liege eine Menge Arbeit! O ja – das wisse sie. Aber schließlich sei ihre Großmutter gestorben – und die Zeit der Trauer daure nun einmal vierzig Tage. Natürlich: Sie wisse sehr wohl, dass sie ihren Arbeitsplatz aufs Spiel gesetzt habe, aber „la memoria de la raza" – das Gedächtnis der Familie – sei wichtiger als „trabajo", wichtiger als Arbeit.

La memoria de la raza ist wichtiger als trabajo. Mir fiel mein inzwischen verstorbener Freund ein: Man kann von den Maya-Indianern mehr lernen, als man denkt.

Der Bischof sagte, er sei sprachlos gewesen. Und mit einer weit ausholenden Geste tippte er mir auf den Arm und fragte eindringlich: „Ist Ihnen la memoria de la raza auch wichtiger als trabajo?"

Was auch immer solches Familiengedenken bei uns bedeuten könnte, wie auch immer solche Haltung – in unsere Situation übertragen – aussähe: Die Guatemalteken müssen sich nicht von Psychologen sagen lassen, dass „Trauerarbeit" – wie das schreckliche Wort bei uns heißt – unumgänglich notwendig ist.

Was könnten wir von diesen Menschen lernen! Zusammenleben – menschliche Beziehungen – Familientradition und Zusammenhalt – Zusammenstehen in Freude und Trauer – ganz einfach: MENSCHEN sind wichtiger als Schuften und Geldverdienen und Leistung und Arbeit.

Beispiele

Wer ist reich – wer ist arm?

Wir führten ein Gespräch über das, was man die „Neue Armut" nennt. Das Stichwort „Obdachlose", deren Zahl ständig steigt, mag genügen, um das Problem anzuzeigen.

Nehmen wir die soziale Diskrepanz zwischen verschiedenen Schichten in unserer Gesellschaft überhaupt wahr? Und wie begegnen wir dieser Situation?

Ich bin zum Thema „Arm und Reich" auf ein paar Geschichten gestoßen. Die möchte ich Ihnen zum Lesen geben. Die Geschichten stammen aus einem anderen Kulturkreis: Es sind Geschichten von jüdischen Frommen, den Chassidim, wie sie genannt werden, Menschen, denen es um ein gottgemäßes Leben in dieser Welt ging.

Von einem dieser Rabbinen wird erzählt, dass er zu seinen Schülern sagte: „Wie leicht ist es für einen armen Mann, sich auf Gott zu verlassen. Worauf sonst könnte er sich verlassen!" Und er fuhr fort: „Wie schwer aber ist es für einen reichen Mann, sich auf Gott zu verlassen – alle seine Güter rufen ihm zu: Verlass dich auf mich."

Und dabei gab es damals noch nicht ein ganzes Versicherungspaket, mit dem man sich von Kopf bis Fuß hätte absichern können!

Auf unsern Alltag unmittelbar passend scheint mir eine Anekdote, die vom Rabbi von Kosnitz erzählt wird. Zu ihm kam einst ein reicher Mann. „Was pflegst du zu essen?", fragte ihn der Rabbi. „Ich führe mich bescheiden", sagte der Reiche. „Brot und Salz und ein Trunk Wasser sind mir genug." „Was fällt dir ein", schalt ihn der Rabbi. „Braten sollst du essen und Met trinken, wie alle reichen Leute." Und er ließ den Mann nicht gehen, bis der versprochen hatte, es fortan so zu halten. Nachher fragten ihn seine Schüler nach dem Grund dieser wunderlichen Rede. „Erst, wenn er Fleisch isst", antwortete der Rabbi, „wird er wissen, dass der Arme Brot braucht. Solange er nur Brot isst, meint er, der Arme könne Steine essen." – Steine statt Brot. Vielleicht liegt manches Almosen, das wir geben, einem andern wie ein Stein im Magen.

Da gab es den Rabbi Mosche. Bei ihm klopfte es ans Fenster, als er um Mitternacht in das Geheimnis Gottes versenkt war. Draußen stand ein betrunkener Bauer, begehrte Einlass und ein Nachtlager. Einen Augenblick war das Herz des Rabbi erzürnt, und es redete ihm zu: „Was erfrecht sich der Trunkenbold, und was soll er hier im Haus?" Da antwortete der Rabbi seinem Herzen: „Und was soll er Gott in seiner Welt? Wenn Gott sich mit ihm verträgt, darf ich mich ihm dann verweigern?" Und sogleich öffnete er die Tür und bereitete ihm das Lager.

Und schließlich noch eine letzte Geschichte: Bei Rabbi Schmelke war kein Geld im Haus. Da klopfte ein Armer an seine Tür und der Rabbi gab ihm einen Ring. Einen Augenblick darauf erfuhr es seine Frau und die überschüttete ihn mit heftigen Vorwürfen, dass er ein so kostbares Schmuckstück, das einen so großen und edlen Stein trage, einem unbekannten Bettler hingeworfen habe. Und was machte der Rabbi? Er ließ den Armen zurückholen und sagte ihm: „Ich habe soeben erfahren, dass der Ring, den ich dir gab, einen hohen Wert hat. Achte also darauf, ihn nicht allzu wohlfeil zu verkaufen."

Was müssen wir tun, um den Perspektivenwechsel

vorzunehmen, der aus diesen Geschichten spricht? Es geht wohl darum, zu begreifen, was einer dieser Rabbinen sagt: „Mehr als der Arme den Reichen braucht, braucht der Reiche den Armen."

Eine Geschichte für uns

Die chassidischen Geschichten faszinieren mich immer wieder aufs Neue, diese Erzählungen von jüdischen Frommen aus Ostpolen. Neulich gab mir ein guter Freund einen mir bis dahin unbekannten Text, der zu unserer Situation zu passen scheint. Die Geschichte handelt von vier der ganz Großen des Chassidismus; sie hört sich etwa so an:

„Wenn der Baal-schem-tow etwas Schwieriges zu erledigen hatte, irgendein Werk zum Nutzen der Geschöpfe, so ging er an eine bestimmte Stelle im Wald, zündete ein Feuer an und sprach, in Meditationen versunken, Gebete. – Und alles, was er dann unternahm, geschah, wie er es sich vorgenommen hatte.

Wenn eine Generation später der Maggid von Meseritsch vor einem großen Vorhaben stand, ging er an jene Stelle im Wald und sagte: „Das Feuer können wir nicht mehr machen, aber die Gebete können wir sprechen." – Und nachdem er sie gesprochen hatte, ging alles nach seinem Plan.

Wieder eine Generation später sollte Rabbi Mosche Löb aus Sassow eine große Tat vollbringen. Auch er ging in den Wald. Dort sagte er: „Wir können das Feuer nicht mehr anzünden, wir kennen auch die geheimen Meditationen nicht mehr, die das Gebet beleben. Aber wir kennen den Ort im Wald, wo all das hingehört, und das muss genügen." – Und es zeigte sich, dass es tatsächlich genügte.

Als wieder eine Generation später Rabbi Israel von

Rizsin ein großes Werk zu vollbringen sich vorgenommen hatte, da setzte er sich zu Hause auf einen Stuhl und sagte: „Wir können kein Feuer machen, wir können die vorgeschriebenen Gebete nicht mehr sprechen, wir kennen auch den Ort im Wald nicht mehr, aber wir können die Geschichte davon erzählen." – Und seine Geschichte allein hatte dieselbe Wirkung wie das, was die drei anderen getan hatten.

Mir scheint: Das ist unsere Situation. Wir können kein Feuer mehr machen – wir können die Gebete nicht mehr sprechen – wir kennen auch den richtigen Ort nicht mehr (was auch immer wir an Stelle von „Feuer", „Gebet" und „Ort" einsetzen müssten) – so ähnlich ist unsere Lage. Aber die Situationsschilderung des Rabbi der vierten Generation ist dennoch tröstlich; er sagt: „Wir können die Geschichte davon erzählen." Und er endet mit der Zuversicht weckenden Feststellung: „Seine Geschichte allein hatte dieselbe Wirkung wie die Taten der drei andern."

Die Geschichte erzählen – Erinnerungen von Glaubenszeugen – Lebensgeschichten von solchen, die sich von ihrem Glauben haben prägen lassen – Glaubensgeschichten weitergeben und diese mit Herz erzählen.

Und andererseits: Bescheiden sein und nicht so tun, als könnten wir alles auf vollkommene Weise, als müssten wir uns und anderen Hochleistungen abverlangen.

Ich glaube, die Bescheidenheit allein wäre schon wirkungsvoll genug, um Ähnliches zu erreichen, wie die vier Großen des Chassidismus.

Aber: Wie wird man bescheiden?

Keine frommen Ermahnungen!

Neulich war ich eingeladen. Zu einem Gottesdienst sollte ich extra nach München kommen, darum gebeten von meiner Freundin Anne. Was war der Anlass? Anne hat ein Cousinenkind in Amerika. Sie kennt Isabell nicht sehr gut, aber mit ihrer Mutter steht sie in ständigem Briefkontakt. Dass die ganze Familie mit der Kirche nichts am Hut hat, das wusste sie.

Nun bekam Anne vor einiger Zeit einen langen Brief. Isabell habe ihr Kind taufen lassen (großes Erstaunen bei meiner Freundin). Und sie habe sich überlegt, dass sie ihr Kind nicht christlich erziehen könne, wenn sie selber so wenig von Glauben und Kirche wisse. Deswegen gehe sie zum Erwachsenenunterricht, und bei nächster Gelegenheit wolle sie sich firmen lassen (noch größeres Erstaunen bei meiner Freundin).

Diese Mitteilung war mit einer Bitte verbunden: Wenn Isabell mit Mann und Kind demnächst nach Deutschland komme, wolle sie mit ihrer Tante Anne einen Gottesdienst feiern. Meine Freundin war sprachlos.

Also wurde ein Gottesdienst organisiert in einer kleinen Münchener Kapelle. Ein junger Jesuit wurde gefunden, der fließend englisch sprach, damit Isabells Mann auch verstehen konnte, was vor sich ging.

Und dann trafen wir uns. Alle kannten sich, sonst keine engeren Bande. Große Freude bei den Amerikanern, dazwischen das 15 Monate alte Kind, das hin und her sprang zwischen dieser merkwürdigen Gottesdienstgemeinde: Eine Tänzerin – ein Zivi – eine noch putzmuntere 92 Jahre alte Tante – eine aus der Kirche ausgetretene Cousine von Isabell – und dazu ich, geholt als Unterstützung meiner verunsicherten Freundin – und besagte Anne selber. Warum in aller Welt war sie ausersehen von diesem Cousinenkind, mit ihr sozusagen ihre Umkehr zu feiern?

Es war ein schöner Gottesdienst, ob kirchennah, ob kirchenfern – alle waren sich einig. Doch, das war nicht das Überraschende. Überraschend war die Begründung, die Isabell gab. Sie stellte fest, sie verdanke es ihrer Tante Anne, dass sie wieder den Weg zur Kirche gefunden habe. Die Tante saß da, mit rotem Kopf und verlegen, und wusste nicht, wie ihr geschah.

Beim Mittagessen wollte meine Freundin – noch immer fassungslos, aber neugierig – wissen, wie denn Isabell behaupten könne, sie sei ihr Vorbild gewesen (so nämlich hatte sie es formuliert). Sie würden sich doch kaum kennen.

Und was sagte Isabell? Es sei ihr eindrucksvoll gewesen, wie sie – obwohl Theologin – all die Jahre weder ihrer Mutter noch ihr auf die Nerven gefallen sei mit frommen Ermahnungen. Anne habe in ihren Briefen nur einfach erzählt, was sie mache und denke und tue. Wodurch gewinnen wir Einfluss? Nicht durch penetrante Ermahnungen, nicht durch kluge Worte. Vielmehr durch das, was wir sind. Das gilt für alle Erziehung. Und für religiöse ganz besonders.

Mir fiel ein alter Kirchenvater ein, Clemens von Alexandrien, ein großer Gelehrter, Gründer einer Theologenschule. Der wurde gefragt, was er mache, wenn einer zu ihm komme, um Christ zu werden. Und was sagt dieser Clemens? Nicht: Er schicke ihn in seine Theologenschule. Nicht: Er gebe ihm eine seiner Schriften zum Lesen – nicht einmal die Bibel. Sondern er sagt: Ich lade ihn für ein Jahr in mein Haus.

Was lernte einer, wenn er ein Jahr in meinem Haus leben würde?

Ein Beispiel habe ich euch gegeben

Wenn man in den Evangelien blättert – Situation um Situation an sich vorüberziehen lässt, dann ist das recht eindrucksvoll. Hier heilt Jesus einen Gelähmten – dort kehrt er bei einem Sünder ein – dann verhilft er einem Blinden zum Augenlicht ...

Der Blinde von Jericho – der hatte Glück, der konnte wieder sehen. Aber, wie war das mit dem Blinden, der vielleicht vor Kafarnaum saß – oder einem Gelähmten am See von Tiberias – oder mit den Aussätzigen vielleicht am Toten Meer?

Jesus hat kein Asyl für alle Blinden gebaut und keine Rehabilitationsklinik für alle Gelähmten. Er ging durchs Land, half hier und half da – wenn einer ihm über den Weg lief – wenn einer in seiner konkreten Not zu ihm rief. Und doch verbreitete sich sein Ruf – wie es immer wieder heißt – im ganzen Land.

Ich blättere und lese: Jesus zog ins Zehnstädteland. Und ich blättere weiter: Jesus zog durch Galiläa. Und: Jesus kam in seine Vaterstadt ...

Und dann blättere ich anderswo und lese:

„An einem Montagmorgen tauchte Jesus plötzlich in Frankfurt auf. Er trug einer alten Frau die schwere Einkaufstasche heim. Er half einer Türkin, die nicht deutsch konnte, am Postschalter. Er schob einen querschnittgelähmten Mann zwei Stunden lang durch den Palmengarten, was der sich schon lange gewünscht hatte, doch seine Frau hatte keine Lust dazu gehabt. Er spielte mit einem kleinen Mädchen Ball auffangen. Er besuchte eine krebskranke Frau im Krankenhaus. Die lag dort schon ein halbes Jahr, und noch nie hatte sie Besuch bekommen. Er nahm im Hallenschwimmbad einen ängstlichen Jungen, den die andern auslachten, an der Hand und sprang mit ihm vom Dreimeterbrett. Die ganze Nacht schlief er neben einem besoffenen Landstreicher auf einer Parkbank. Er kuschelte sich eng an ihn, damit der Alte nicht fror.

Am nächsten Morgen war Jesus wieder verschwunden. Nicht einmal die Reporter der Bildzeitung hatten bemerkt, dass er da gewesen war. Aber die alte Frau, die Türkin, der Querschnittgelähmte, der Junge, die Kranke, der Landstreicher erzählten allen, denen sie begegneten: „Gestern war ein schöner Tag. Ich bin einem so guten Menschen begegnet." Nur das geistig behinderte Mädchen sagte nichts. Es konnte ja nicht sprechen. Aber es lachte, warf den Ball in die Höhe – und fing ihn wieder auf."

Ja – eine wirklich schöne Geschichte! Schad', dass sie von Gudrun Pausewang nur erfunden ist. Eine Geschichte, die in jedes Gute-Nacht-Geschichten-Buch passt. Man liest sie, freut sich, ist wohlgestimmt, legt das Buch auf den Nachtkasten zurück – und schläft gut ein.

Kein Wunder, in so einer Welt, da kann man gut schlafen – könnte man, wenn es nicht nur eine Geschichte wäre.

Aber Jesus kommt halt nicht an einem Montagmorgen nach Frankfurt oder nach Stuttgart oder nach irgendwohin!

Doch: um mit einem behinderten Kind Ball zu spielen – einer alten Frau die Tasche nach Hause zu tragen – einer Ausländerin am Postschalter zu helfen – mit einem Querschnittgelähmten spazieren zu fahren – einen Obdachlosen zu wärmen – eine todkranke Frau zu besuchen ... braucht man dazu Jesus?

Irgendwo in jenem Buch, in dem die echten Jesus-Geschichten stehen, da ist auch zu lesen, dass er gesagt hat: „Ein Beispiel habe ich euch gegeben."

Aber solche Sätze – die sind ja leicht zu überlesen!

Er hat ein Herz für uns

Ich weiß nicht, wie es Ihnen geht, aber die weit verbreiteten Herz-Jesu-Darstellungen mag ich nicht so sehr: Jesu Herz – weit sichtbar uns entgegengehalten. Diese Darstellungen, ob Bilder oder Statuen, sind zwar Ausdruck großer Herz-Jesu-Frömmigkeit, doch ihr künstlerischer Wert hält sich in Grenzen!

Mit so einem Herz-Jesu-Bild bin ich aufgewachsen. Es hing im Schlafzimmer meiner Eltern. Mein Vater liebte es sehr. Nicht so meine Mutter. Sie fand es schrecklich kitschig – und das war es auch.

Eines Tages betätigte sich meine Mutter als Bilderstürmerin. Sie hat das Bild einfach abgehängt, doch nicht ersatzlos. Mit ihrem nicht sehr großen Taschengeld hatte sie ein schönes einfaches Holzkreuz gekauft und es an Stelle des Herz-Jesu-Bildes aufgehängt.

Mein Vater war konsterniert, als er es sah. Wo war sein Bild? Doch meine Mutter beruhigte ihn: „Ist denn Jesus am Kreuz mit der geöffneten Seitenwunde nicht ein noch viel sprechenderes Bild für Jesu offenes Herz für uns", so fragte sie, „als so ein Herz-Jesu-Bild, das der frommen Phantasie so wenig Raum lässt, um über Jesu übergroße Liebe zu uns nachzudenken?" Und siehe da: Mein Vater gab sich mit dieser Interpretation seiner Frau zufrieden.

Ein anderes Bild steht mir näher. Es ist jene weit verbreitete Darstellung vom guten Hirten. Der Hirt läuft nicht nur seinem verirrten Schaf nach, um es zu suchen, und sei es noch so weit weg von der übrigen Herde. Er lässt um dieses einen Schafes willen die übrigen zurück. Und wenn er es gefunden hat, jagt er es nicht nach Hause – das schon gar nicht! – er führt es auch nicht behutsam den Irrweg zurück. Nein – er nimmt das verirrte Schaf auf seine Schultern und bringt es behutsam zurück in seinen Stall. Zeichen großer Zuwendung und Fürsorge. Dieser Hirt hat ein Herz für sein Schaf.

Ich erinnere mich noch sehr lebhaft, wie ich bei meiner ersten Reise nach Rom das Bild von Jesus als gutem Hirten in einer Katakombe auf einem Sarkophag entdeckt habe – ein jugendlicher Jesus. Das war für die Christen der frühen Zeit das Bild schlechthin, um von Jesu Liebe zu uns Zeugnis zu geben.

Jahre danach traf ich wieder auf ein Hirtenbild. Es war in Athen. Ich war inzwischen schon reichlich fortgeschritten an Jahren, doch meine Kenntnisse in Religionsgeschichte des Umfeldes des frühen Christentums waren wohl ziemlich mangelhaft. Denn ich war über das, was ich sah, sehr schockiert. Begegnete ich da plötzlich in einem Museum einer riesengroßen Hirtenfigur inmitten von großen Götterstatuen. Was tat hier ein solches Hirtenbild, groß eindrucksvoll, mit dem Schaf auf seinen Schultern!

Nach Hause gekommen, ließ ich mich belehren. Das Hirtenmotiv war in der hellenistischen Umwelt des jungen Christentums weit verbreitet. Nach einigem Nachdenken legte sich mein Schock – und schlug ins Gegenteil um. Die junge Gemeinde, die von ihrem Herrn erzählte und von seiner menschenfreundlichen Liebe, seinem Herzen für alle Verirrten und Verlorengeglaubten – sie entdeckte das aus der antiken Hirtendichtung stammende Bild vom Hirten, der sein Schaf auf die Schulter nimmt. Dieses Bild, das haben die Christen nicht gemieden aus kleinlicher Angst vor Vermischung. Im Gegenteil, sie griffen das Bild auf und interpretierten es um: Das ist nicht irgendein Hirte, das ist der gute Hirte, der die Seinen liebt, der ein Herz für sie hat und sie behutsam nach Hause trägt, wenn sie sich verirrt haben. Zwei Kulturen, die sich begegnen, und die stärkere setzte sich durch – auch das scheint mir eine wichtige Perspektive.

Die dritte Darstellung, wie man sie aus dem Mittelalter (14. Jahrhundert) kennt, ist weit verbreitet im süddeutschen Raum. Alle Bilder dieser Art, die irgendwo in Museen stehen, stammen aus der Gegend, in der ich zu Hause bin. Es sind Darstellungen der sogenannten „Johannesminne" – Jesus mit dem Lieblingsjünger Johannes. Ich liebe besonders die Darstellung aus dem alten Zisterzienserinnen-Kloster Heiligkreuztal.

Beide Gestalten sitzen. Jesus – größer, aufrecht, ein wenig zu jener Seite geneigt, an der Johannes sitzt. Johannes ganz an seinen Meister gelehnt, etwas kleiner als er. Nicht an Zentimetern natürlich, wollte der Bildschnitzer sagen; er ist vielmehr geringer an Bedeutung als sein Herr. Jesus hat seine Hand um die Schulter des Johannes gelegt. Er umarmt seinen geliebten Jünger. Johannes ist ganz Jesus zugeneigt. Er hat seinen Kopf auf Jesu Herz gelegt. Hier ruht er, ruht er sich aus, ganz umfangen von Jesu liebevoller Zuneigung. Seine Hand sucht die Hand Jesu, und Jesus sucht die Hand seines Lieblingsjüngers.

Ein Bild großer Zuneigung – ein Bild, das von der Liebe Jesu spricht – ein Bild, das uns sagt, dass die offenen Arme Jesu nur Zeichen sind für sein offenes Herz für uns.

Es lohnt sich, alte Bilder genau anzuschauen – sie auf uns wirken zu lassen.

Ausgeruht haben
im Schatten großer Bäume,
an einer Quelle – mitten in der Oase.
Nachgedacht haben.
Nachdenken.
Anstöße erfahren
zum Neu-Aufbrechen,
um weiterzuziehen,
um konsequenter zu leben.

Nicht mehr die gleichen Fehler machen!
Ruhe verbreiten bei denen,
die den Weg mit mir teilen.
Auch ihnen zum Anstoß sein.
Anstoß zum Nachdenken:
Nicht in den Tag hinein leben.
Sich Rechenschaft geben
über das, was man tut,
was man sagt.
Nachdenken über das,
was man bewirkt.

Oasen – mitten im Leben.
Anstöße zum Nachdenken,
Anstöße, um neu aufzubrechen.